Die Fallers

Eine Schwarzwaldfamilie

Das Kochbuch
zur Südwestfunk-Fernsehserie

Kochen mit den Fallers

**Traditionelle
Gerichte und Lieblingsrezepte
aus dem
Schwarzwald**

Hans-Albert Stechl

G. Braun *SÜDWEST***FUNK:**

Der Fallerhof

Fotos: Jürgen Carle, Achim Käflein, Hans W. Karger, Thomas Makosch, Ralf Nowak, Walter J. Pilsak, Werner Richner, Manfred Schaeffer
Die Fotos der Gasthöfe lieferten die jeweiligen Häuser

Wir bedanken uns bei den Gasthäusern, die uns folgende Rezepte zur Verfügung gestellt haben:

Engel, Vöhrenbach: S. 26 li, 54 re, 64 li
Wehrle, Triberg: S. 26 re, 28, 42 li, 54 li
Rößle-Post, Unterkirnach: S. 20, 37 re, 45 re, 63
Esche, Alpersbach: S. 22 re, 29 re, 36, 39, 56, 59
Maierhof, Gütenbach: S. 22 li, 53
Hirschen, St. Märgen: S. 23, 25, 36 li, 45 li, 46, 67 li
Zur Erle, Simonswald: S. 27 li, 43, 55 re, 66 li oben, re
Zum Ochsen, Schönwald: S. 42 re, 44 re, 55 li, 64 re
Adler, Elzach-Oberprechtal: S. 19, 20 li, 27 re, 66 li unten
Faller, Breitnau: S. 29 li, 44 li, 51, 67 re

Ursula Cantieni, Konstanz: S. 31
Wolfgang Hepp, Weil am Rhein: S. 61
Edgar M. Marcus: S. 33
Folkert Milster: S. 65 li

Alle anderen Rezepte: Hans-Albert Stechl, Freiburg

Konzeption: Helmut Rapp (SWF) / Südwestfunk Media GmbH

Redaktion: Helmut Rapp (SWF), Bettina Bauer-Wörner (SWF), Christine Diersing (SWF), Renate Telzer

Gestaltung: Robert Dreikluft

Satz: Barbara Herrmann, Freiburg

Die Deutsche Bibliothek – CIP-Einheitsaufnahme

Stechl, Hans-Albert:
Kochen mit den Fallers : das Kochbuch zur Südwestfunk-Fernsehserie ; traditionelle Gerichte und Lieblingsrezepte aus dem Schwarzwald / Hans-Albert Stechl. Südwestfunk. –
Karlsruhe : Braun, 1996
ISBN 3-7650-8176-0

Suppen

Salate und Vorspeisen

Leuchtende Sommerwiese im Bärental mit Blick zum Feldberg (S. 9)

Blütenpracht bei Schmieheim (S. 10)

Gut vorgesorgt – der Winter kann kommen (S. 12)

Eine „echte" Schwarzwaldbäuerin bei Grafenhausen (S. 13)

Herbststimmung bei Wieden am Belchen (S. 14)

Zeit zum Melken – Kühe bei Bernau auf dem abendlichen Weg in den Stall (S. 15)

Eisverziert: eine Sturmbuche auf dem winterlichen Schauinsland (S. 16)

36

Der Schwarzwald paßt in keine Schublade. Und der Schwarzwälder schon gar nicht. Eigenbrötlerisch sei dieser Menschenschlag, Verschlossenheit wird ihm bis auf den heutigen Tag nachgesagt. Da kannte sich selbst der schwäbische Dichter Wilhelm Hauff schon vor knapp zweihundert Jahren wesentlich besser aus. In seinem Märchen „Das kalte Herz“ attestierte er den benachbarten Badenern auf den Höhen zwischen dem Rhein und der Baar ein gerüttelt Maß an Weltläufigkeit: „Dort beschäftigen sich die Leute gewöhnlich mit Glasmachen; auch verfertigen sie Uhren und tragen sie in der halben Welt umher. Auf der anderen Seite des Waldes wohnt ein Teil desselben Stammes, aber ihre Arbeiten haben ihnen andere Sitten und Gewohnheiten gegeben als den Glasmachern. Sie handeln mit ihrem Wald; sie fällen und behauen ihre Tannen, flößen sie durch die Nagold in den Neckar und von dem oberen Neckar den Rhein hinab, bis weit hinein nach Holland, und am Meer kennt man die Schwarzwälder und ihre langen Flöße.“ Sicher: wenn in langen und kalten Wintern in 800 oder 1000 Metern Höhe ein scharfer Frost die Menschen, die Tiere und die Landschaft fest im Griff hat, dann ist der Rückzug in die eigenen vier Wände und an den wärmenden Kachelofen ein Gebot der Stunde. Dies sind dann auch die Zeiten, in denen der sprichwörtliche Tüftler im Schwarzwälder erwacht. Dann erfindet er Dinge und löst Probleme, an die vor ihm noch niemand gedacht hat. So hat die Kuckucksuhr das Licht der Welt erblickt, hoch oben bei St. Märgen. Und auch der Skilift ist nicht etwa die Erfindung eines genialen Schweizers aus dem Berner Oberland. Ein Schwarzwälder mit dem ebenso schönen wie sinnigen Namen Winterhalter hat das erste gangbare Modell 1906 in Schollach bei Eisenbach aufgebaut. Aber kaum ist der letzte Schnee geschmolzen, treibt es die Bewohner dieser alten Kulturlandschaft seit jeher hinaus in die weite Welt. Die in der kalten Jahreszeit gefertigten Produkte müssen schließlich an den Mann und an die Frau gebracht werden. Und so schwärmten die legendären Uhrenträger schon vor über zweihundert Jahren in alle Himmelsrichtungen aus, und die Flößer kamen mit ihren Baumstämmen bis hinunter an die Nordseeküste. So hat sich hier zur tief verwurzelten Heimatverbundenheit schon frühzeitig eine ganz pragmatische, aber deswegen nicht weniger herzliche Offenheit gegenüber anderen Menschen und Kulturen gesellt – Eigenschaften, die sich bis auf den heutigen Tag erhalten haben und die in dieser beliebtesten aller deutschen Urlaubsregionen täglich neu erlebt werden können.

Der Schwarzwald war neben dem Handwerk von jeher auch bäuerlich geprägt. Reich waren vor allem diejenigen Bauern, die über große Wälder verfügten. Die Bauern mit reiner Landwirtschaft hatten es schwerer. Die Böden sind nicht überall die fruchtbarsten, und das rauhe Klima läßt nicht alles gedeihen. Dem langen Winter folgt fast übergangslos der Sommer, denn der Frühling fällt hier oben sehr bescheiden aus. Der Herbst allerdings läßt dann alle Wetterunbilden des Jahres wieder vergessen. Wenn in dieser Jahreszeit unten im Tal die ersten Nebel wabern und es schon ungemütlich kalt wird, strahlt über den Schwarzwaldgipfeln die Sonne vom blauen Himmel. Und dank des Phänomens „Temperaturumkehr“ ist es auf 1000 Metern Höhe dann häufig wärmer als unten im dunstigen Freiburg. Dann expoldiert die Natur. Diese Wochen bringen die entscheidende Süße in Äpfel, Birnen und Zwetschgen. Steinpilze, Maronen, Rotkappen, Pfifferlinge und Trompetenpilze schießen aus dem Boden. Kartoffeln, Kraut und Kohl in allen Varianten werden geerntet. Diese besonderen klimatischen Bedingungen lassen die Früchte auf Feldern und Bäumen meist etwas kleiner werden als unten im Tal, an Aromareichtum jedoch sind

sie jenen häufig überlegen. Beste Voraussetzungen also für eine einfache, aber mit schmackhaften Produkten arbeitende Küche.

Beim Fleisch decken Schwein, Rind, Geflügel und reichlich Wild die Tische. Der Rehrücken wird zum Festtagsessen, das gekochte Ochsenfleisch gehört zur allgemeinen samstäglichen Eßtradition. Die Brühe, die dabei entsteht und die in einer guten Küche niemals ausgehen darf, kommt mit Nudeln oder Markklößchen auf den Tisch, denn ohne wärmende Suppe vorweg ist hier ein Essen nur eine halbe Sache. Auch Innereien gehören zum festen Speiseplan. Aus Leber, Nieren, Kutteln, Herz und Bries werden wahre Delikatessen. Beim Thema Fisch wiederum gibt es für den Schwarzwälder eigentlich nur eines: die Forelle, und die möglichst frisch und aus dem Bach. Mit Gemüsen ist der Hochschwarzwald nicht ganz so reich gesegnet wie die Rheinebene, aus der man sich den Spargel holt. Wenn es aber darum geht, aus Kartoffeln leckere und herzhafte Brägele zu machen, ist man hier unschlagbar. Daß man im Schwarzwald auch und

gerade beim Essen gegenüber neuen Rezepturen aufgeschlossen war und ist, verwundert nicht. Von Flößern und Uhrenträgern, die mit Ideen aus fremden Ländern zurückkamen, war schon die Rede. Die Österreicher haben ihre Spuren sehr direkt hinterlassen: die Habsburger haben immerhin 400 Jahre lang hier regiert. Und Frankreich wie auch die Schweiz sind nicht weit. So war der Blick über den eigenen Tellerrand hinaus und in fremde Töpfe hinein eher die Regel als die Ausnahme.
Es wird also höchste Zeit, sich hier im Schwarzwald zu Tisch zu setzten. Genauer: zu hocken. Denn der Schwarzwälder sitzt nicht, er hockt. Zum richtigen Hocken braucht es zwei Dinge: einen ordentlichen Stuhl und einen standfesten Tisch. Besser: einen Küchenstuhl und einen Küchentisch. Denn die Küche ist der zentrale Ort des Hauses – und in einem Schwarzwälder Bauernhof erst recht. Wer Tisch und Stuhl hat, kann auf Sofa und Sessel (fast) verzichten. Und so ist es kein Wunder, daß sich rund um den Küchentisch auch ein Großteil des kommunikativen Lebens der Faller-Familie abspielt, jener typischen

Schwarzwälder Bauern-Familie aus der Südwestfunk-Serie „Die Fallers". Denn zumindest einmal am Tag sitzen hier alle zusammen: beim Mittag- oder Abendessen. Dann werden die Probleme des Tages diskutiert, Freundlichkeiten und Bosheiten ausgetauscht, dann wird gelacht, geschimpft und, echt schwarzwälderisch, auch ausgiebig gebruddelt.

Was ist nun aber in den Töpfen, was in den Schüsseln, was auf den Tellern, wenn sich Urgroßvater Wilhelm, der inzwischen zum Bügermeister avancierte Hermann und seine Frau Johanna, wenn sich Karl und Christina, Monique, Alex und der kleine Albert zu Tisch setzen und Kati zum Abendessen vorbeikommt? Wir haben den Fallers beim Kochen über die Schultern geschaut und die besten Rezepte aus dem Hochschwarzwald gesammelt. Denn hier kommen noch ursprüngliche, regionale Gerichte auf den Tisch, die es lohnen, festgehalten und weitergegeben zu werden. Die Schwarzwälder Küche, vor allem auf den Bauernhöfen, war nie üppig. Bescheidenheit, manchmal auch Armut, hat sie geprägt. Aber es war immer der Ehr-

geiz der Köchin, aus wenigen, aber guten Zutaten das Beste zu machen. So wurden selbst einfache Gerichte ständig verfeinert, und die Bereitschaft zum Tüfteln gerade auch in der Küche hat zu immer neuen Kochideen geführt. Beispiel Forelle: Lange vorbei sind die Zeiten, als sie nur in den Standard-Varianten „blau", also gekocht, oder „Müllerin", also gebraten, auf den Tisch kam. Heutzutage wird sie souffliert, gefüllt und in Gemüseblätter eingewickelt, daß es eine wahre Freude ist. Dieses Kochbuch lädt somit dazu ein, sich selbst auf die Spuren der feinen Schwarzwälder Küche zu begeben, nachzukochen und selbst zu experimentieren.

Für all diejenigen, die sich nicht gleich selbst an den Herd stellen wollen oder können, um nach den Faller-Rezepten ein typisches Schwarzwälder Festtagsessen zu kochen, haben wir einige Restaurants ausgesucht, in denen sich die Köche um eine bodenständige, aber feine Schwarzwälder Küche kümmern und wo auch das Ambiente für einen gemütlichen Hock stimmt – dann allerdings nicht am Küchen-, sondern am Wirtshaustisch.

Wilhelm (Lukas Ammann) bei seiner Lieblingsbeschäftigung, dem Holzschnitzen.

Wilhelms Lieblingsrezept

Urgroßvater Wilhelm, der Familienpatriarch, rüstig wie eh und je, hat mit seiner Reise nach Südafrika für einigen Wirbel in der Familie gesorgt. Eigentlich wollte er nur seinen Sohn Heinz besuchen, der in Namibia als Missionar tätig ist. Das wunderschöne Land und eine charmante Farmbesitzerin haben ihn jedoch länger als ursprünglich geplant zurückgehalten. Manchmal aber hat ihn am anderen Ende der Welt tiefes Heimweh ereilt. Ob er dann auch an seine geliebte Erbsensuppe gedacht hat, die ihm dort niemand kochen konnte?

Erbensuppe

Für 2 Personen

Zutaten:
200 g getrocknete grüne Spalterbsen,
1–1 ¼ l Hühner- oder Fleischbrühe,
2 Petersilienstengel, 2 Selleriestengel, 1 Lorbeerblatt,
1 Thymianzweig, 250 g gekochter Schinken.

Spalterbsen einweichen. Die eingeweichten Erbsen abschütten und mit der Hühner- oder Fleischbrühe zum Kochen bringen. Petersilienstengel, Selleriestengel, Lorbeerblatt und Thymianzweig dazugeben. Die Kochzeit beträgt etwa 1 ½ Stunden. Etwa 20 Minuten vor dem Ende der Kochzeit eine kleingeschnittene Kartoffel mitkochen. Je ½ Tasse kleingeschnittenen Sellerie, Lauch, Karotten und Zwiebeln in Butter anschwitzen. Den Schinken in Würfel schneiden und andünsten. Ganz zum Schluß diese Zutaten in die Suppe geben, nochmals aufkochen und mit Salz und Pfeffer abschmecken.
Dazu trinkt Wilhelm selbstverständlich einen Schluck Most aus seinem alten Mostkrug.

Fleischbrühe mit Markklößchen und Butterklößchen

Für 4 bis 6 Personen

2 l Wasser zum Kochen bringen, 500 g Rindfleisch (Brustkern, Bugblatt) dazugeben und auf den Kochpunkt erhitzen. Mit Salz würzen. Die Brühe abschäumen und entfetten, bei schwacher Hitze sieden lassen. 2 geschälte Karotten und 1 kleine geschälte Sellerie in die Brühe geben. 1 große Zwiebel mit Schale halbieren und ohne Fett die Schnittfläche in einer Pfanne anbräunen. Diese Zwiebel dann auch in die kochende Brühe geben. Die Kochzeit beträgt je nach Größe des Fleischstücks 2 bis 3 Stunden.
Etwa ½ Stunde bevor das Fleisch gar ist, gibt man noch 1 Stange Lauch, geputzt und gewaschen, sowie 2 Petersilienstengel und Liebstöckel dazu.
Brühe mit Salz und Muskat würzen und anschließend durch ein Passiertuch sieben.

Markklößchen:

100 g Rindermark auslassen, 1 kleingeschnittene Zwiebel und 1 geschälte Knoblauchzehe andünsten, alles durch ein Sieb streichen. Das Mark erkalten lassen und mit 2 Eiern und 120 g Semmelbrösel vermengen. Mit Salz, Pfeffer und Muskat abschmecken, gehackte Petersilie untermischen. Kleine Klößchen formen und in Salzwasser garziehen lassen.

Butterklößchen:

⅛ l Wasser und 65 g Butter aufkochen, 65 g Mehl dazugeben, auf dem Herd zu einem Kloß rühren, mit Salz und Muskat würzen, dann 3 Eier nacheinander unterrühren. Kleine Nocken abstechen und in siedendes Wasser geben. In jeden Teller 2 bis 3 Butter- und Markklößchen legen und mit der heißen Brühe auffüllen.

Gebrannte Mehlsuppe

Für 2 bis 3 Personen

Zutaten:

½ l Fleischbrühe, 30 g Mehl, 100 ml Rotwein,
1 TL Essig, Salz und Pfeffer.

Zubereitung:
In einer Pfanne das Mehl hell- bis mittelbraun brennen, dabei ständig umrühren, damit es nicht anbrennt. Das Mehl danach in die erhitzte Fleischbrühe einrühren und etwa 10 Minuten kochen lassen. Rotwein beifügen und mit Essig, Salz und Pfeffer abschmecken.
Wer nachempfinden möchte, wie diese Armeleutesuppe in früherer Zeit geschmeckt hat, verzichte auf die Fleischbrühe und den Rotwein und bereite die Suppe nur mit Wasser zu.

Brezelrahmsuppe

Für 4 Personen

Zutaten:

½ l Fleischbrühe, 1 Zwiebel, 30 g Salzstangen oder Salzbrezelchen, ¼ l Rahm, 50 ml Weißwein, 10 g Butter, Salz, Pfeffer.

Zubereitung:
Die Zwiebel in grobe Würfel schneiden und mit der Butter andünsten. Mit Weißwein ablöschen und mit Fleischbrühe auffüllen. Salzstangen oder Brezelchen dazugeben und 15 Minuten mitköcheln lassen. Mixen und durch ein Haarsieb streichen. Sahne zugeben und abschmecken.

Gemüsesuppe mit Würstchen und Rippchen

Für 4 Personen

Zutaten:
100 g weiße Bohnen (am Vorabend einweichen), 3 Kartoffeln, 1 Stange Lauch, 3 Karotten, ¼ Weißkohlkopf, ¼ Sellerieknolle, ½ Salatgurke, 2 Tomaten, 1 grob gehackte Zwiebel, 2 Knoblauchzehen, 50 g Butter, 4 Schweinswürste zum Kochen, 400 g gepökeltes Schweinefleisch (Rippchen), ½ l trockener Weißwein.

Zubereitung:
Die Zwiebeln in der Butter glasig dünsten. Lauch, Karotten, Sellerie und Kohl in mundgerechte Stücke schneiden, zu den Zwiebeln dazugeben, kurz mit andünsten, mit 2,5 l Wasser und dem Wein auffüllen. Wenn die Suppe kocht, die Rippchen dazugeben und alles etwa 30 Minuten köcheln lassen. Etwa 15 Minuten vor dem Kochende die Bohnen dazugeben (deren Kochzeit hängt davon ab, wie weich sie durch das Einweichen schon sind). Die Rippchen herausnehmen, Fleisch vom Knochen lösen und in Stücke schneiden. Die Würste in Scheiben schneiden. Kartoffeln, Gurke und Tomaten fein würfeln, in die Suppe geben und alles zusammen noch 15 Minuten weiterköcheln lassen.

Lauchzwiebel-Suppe

Für 4 Personen

Zutaten:
50 g Butter, 150 g Lauchzwiebeln, 50 g Schalotten, ½ l Fleisch- oder Hühnerbrühe, ¼ l flüssige Sahne, 2 Eigelb mit ⅛ l Sahne.

Zubereitung:
Schalotten fein würfeln und in der Butter anschwitzen, die Lauchzwiebeln mit dem Grün fein schneiden, dazugeben und leicht mit andünsten. Mit der Brühe ablöschen und aufkochen lassen, die Sahne dazugeben und etwa 10 Minuten köcheln lassen. Mit den Pürierstab durchmixen und die Suppe durch ein Sieb abgießen. Die Suppe nochmals aufkochen. Die Eigelb mit dem ⅛ l Sahne verrühren und die Suppe damit legieren.

Butterschwämmlesuppe

Für 6 bis 8 Personen

Zutaten:
100 g Mehl, 100 g Butter, 2 Eier, je 1 EL fein gehackte Zwiebeln und fein gehackte Petersilie, 1 bis 1,5 l Fleischbrühe, Salz, Pfeffer, Muskat, Schnittlauch.

Zubereitung:
Die zimmerwarme Butter in Stücke schneiden und zusammen mit dem Mehl und den Eiern in eine Schüssel geben. Die Masse mit einem Rührbesen durcharbeiten und Zwiebeln, Petersilie, Salz, Pfeffer und geriebenen Muskat beigeben. Die gut durchgearbeitete Masse etwas kalt stellen. Dann aus der Masse mit einem Löffel kleine Schwämmchen abstechen und in die leicht kochende Brühe geben (die Schwämmchen nicht zu groß abstechen, da sie noch etwas aufgehen). Die Schwämmchen in der Suppe etwa 20 Minuten ziehen lassen, dabei darf die Suppe nur noch ganz leicht köcheln. Suppe anrichten und mit frischem, feingeschnittenem Schnittlauch bestreuen.

Topinambur-Suppe mit gebratenen Waldpilzen

Für 4 Personen

Zutaten:
300 g Topinambur, ½ l Gemüsebrühe, 100 ml Weißwein, 100 ml Sahne, 2 EL geschlagene Sahne, 50 g Haferflocken, Salz, Pfeffer, 40 g Butterfett, 200 g gemischte Waldpilze (Steinpilze, Maronenröhrlinge, Semmelstoppelpilze und Trompetenpfifferlinge), 50 g gehackte Petersilie.

Zubereitung:
Die Topinambur gut abbürsten und mit der Schale in dünne Scheiben schneiden. Im Butterfett andünsten, die Haferflocken darüberstreuen, mit dem Weißwein ablöschen und mit Gemüsebrühe und Sahne auffüllen. 10 Minuten köcheln lassen und dann durchmixen. Die Pilze in Butterfett anbraten, die Petersilie dazugeben und in die Suppe geben und mit geschlagener Sahne verfeinern.

Kartoffelrahmsuppe mit Röstbrotwürfeln

Für 4 Personen

Zutaten:
1 kg mehlige Kartoffeln, 1 kleine Zwiebel,
1 Karotte, ½ Stange Lauch oder Frühlingszwiebel,
1 kleine Sellerieknolle, 40 g Butterschmalz,
1 l Fleischbrühe, ¼ l Sahne, Schnittlauch,
2 Scheiben Weißbrot in Würfel geschnitten,
20 g Butter.

Zubereitung:
Kartoffeln, Karotte und Sellerie waschen, schälen und in kleine Würfel schneiden. Lauch oder Frühlingszwiebel in Streifen schneiden, Zwiebel fein hacken.
Die Zwiebel in Butterschmalz dünsten, das übrige Gemüse dazugeben und mitdünsten. Die Fleischbrühe zugeben und die Suppe kochen lassen, bis die Kartoffeln und die Gemüse weich sind. Die Suppe durch ein Sieb passieren und die Gemüse durchstreichen. Aufkochen und abschmecken und zum Schluß ¼ l Sahne dazugeben. Schnittlauch fein schneiden. Butter in der Pfanne zergehen lassen und darin die Weißbrotwürfel goldbraun rösten.
Röstbrotwürfel und Schnittlauch vor dem Servieren auf die angerichtete Suppe streuen.

Kati (Christiane Bachschmidt) kann die Unterstützung ihrer Tochter Eva (Rebecca Szerda) beim Lernen gut gebrauchen.

Katis Lieblingsrezept

Kati, die älteste der drei Faller-Geschwister, lebt als alleinerziehende Mutter mit ihrer Tochter Eva in der Stadt. Sie hat ihren Beruf als Krankenschwester aufgegeben und ist dabei, ihr Leben umzukrempeln: sie macht eine Umschulung als Physiotherapeutin und hofft, sich später selbständig machen zu können. Mutter und Tochter achten beide auf ihre Figur. Da kommt ein leichter Salat zum Mittagessen gerade recht. Sonnenwirbele (Feldsalat) sind für sie das Größte.

Feldsalat nach Schwarzwälder Art

Für 4 Personen

Zutaten:
250 g Feldsalat, 1 Zwiebel, 1 Knoblauchzehe, Salz, Pfeffer, Zucker. 2 EL Rotweinessig, 3 EL Nußöl, 4 Scheiben Bauchspeck, 2 Scheiben Toast, 1 EL Butter.

Zubereitung:
Den Feldsalat putzen und mehrmals waschen und auf einem Sieb abtropfen lassen. Die Hälfte der gehackten Zwiebel in eine Schüssel geben. Den Knoblauch durch die Presse drücken. Zucker, Salz, Pfeffer, Essig beigeben, das Öl mit dem Rührstab unterrühren.
Den Feldsalat in einer Schüssel mit dieser Salatsauce anmachen und auf Teller anrichten.
In der Pfanne Butter zergehen lassen, Speck und Zwiebel – beides in feine Würfel geschnitten – darin braten, aus der Pfanne nehmen und auf ein Sieb legen. Das abgetropfte Fett zurück in die Pfanne geben und darin das in gleichmäßige Würfel geschnittene Toastbrot goldbraun rösten. Die gerösteten Speck-, Zwiebel- und Röstbrotwürfel über den angerichteten Feldsalat streuen.

Pfitzauf mit Spargel und Morcheln gefüllt

Für 4 Personen

Pfitzauf Zutaten:
125 g Mehl, 1 Prise Salz, ¼ l Milch, 2 Eier,
50 g Butter.

Zubereitung:
Mehl und Salz in eine Schüssel sieben, mit den Eiern und der Milch glattrühren. Butter erwärmen und 4 Pfitzaufformen oder Suppentassen damit ausstreichen. Die restliche Butter in den Teig rühren, die flüssige Masse bis zur Hälfte in die Förmchen füllen und bei 200°C etwa 25 Minuten backen.

Füllung Zutaten:
1 kg Stangenspargel, 200 g Morcheln, ⅛ l Sahne,
50 g Crème fraiche, 20 g Butter, ⅛ l trockener Weißwein,
Salz und Pfeffer.

Zubereitung:
Den Spargel schälen und bißfest kochen, in Stückchen schneiden und in Butter anschwenken. Die Morcheln von den Stengeln befreien und unter fließendem Wasser waschen, klein schneiden, in Butter 1 Minute anschwitzen, mit Salz und Pfeffer würzen, Weißwein, Sahne und Crème fraiche angießen. Das Ganze wird reduziert und mit dem Spargel in die gebackenen und aufgeschnittenen Pfitzauf eingefüllt und auf heißen Tellern angerichtet.

Mousse von der Räucherforelle in Kaviargelee und Frühlingssalat

Für 4 Personen

Mousse Zutaten:
300 g geräucherte Forellenfilets von 2 Forellen, 180 ml geschlagene Sahne, ⅛ l trockener Riesling, ⅛ l Fischfond, 4 Blatt Gelatine, Räuchersalz, Cayenne, Estragonessig.

Zubereitung:
Die geräucherten Forellenfilets ohne Haut mit dem Weißwein aufkochen und im Mixer pürieren, die eingeweichte Gelatine in dem Fischfond auflösen und unter die pürierten Forellenfilets geben; dann die geschlagene Sahne unter die Masse ziehen.

Gelee Zutaten:
¼ l klarer Fischfond, ⅛ l trockener Riesling, 40 g Kaviar,
8 Blatt Gelatine, Salz und Pfeffer.

Zubereitung:
Den klaren Fischfond mit dem Weißwein erhitzen, darin die eingeweichte Gelatine auflösen und abschmecken, danach die Masse durch ein Sieb passieren.
4 Förmchen mit 125 ml Inhalt in die Gefriertruhe stellen. Sobald die Förmchen kalt sind, das kalte, aber noch nicht feste Gelee einfüllen, 30 bis 40 Sekunden warten, dann das Gelee aus den Förmchen wieder in die Schüssel zurückgießen und die Förmchen sofort in den Kühlschrank stellen (es bleibt eine dünne Gelee-Schicht an der Innenseite der Förmchen haften). Wenn die Gelee-Schicht in den Förmchen fest ist, den Kaviar in die Förmchen verteilen und die Forellenmousse einfüllen, mit dem Gelee zugießen.
Frühlingssalat: Löwenzahn, Frisée und Spargelspitzen.

Sommerlicher Salat mit gebratenem Kalbsbries

Für 4 Personen

Zutaten:
240 g enthäutetes Kalbsbries, 200 bis 250 g Blattsalate (Friesée, Eichblatt, Radicchio, Lollo-Rosso), Butter, ½ l kräftiger, aus Lauch, Karotten, Sellerie, Lorbeer, Nelke, Salz und Pfefferkörnern gekochter Fond, etwas knackig gekochter grüner Spargel.
Vinaigrette aus 2 EL Olivenöl, 2 EL Sonnenblumenöl, 1 TL Sherryessig, 1 TL Estragonessig, 1 TL Portwein, eventuell 1 Prise Zucker.

Zubereitung:
Kalbsbries in den kochenden Fond geben, 5 bis 8 Minuten darin ziehen und dann im Fond auskühlen lassen. Kalbsbries in Scheiben schneiden und in geklärter Butter anbraten. Salate mit der Vinaigrette anmachen und auf Teller verteilen. Kalbsbries zwischen den Blattsalaten anrichten. Mit grünem Spargel garnieren.

Kalbszunge und Bries auf Herbstsalaten

Für 6 Personen

Zutaten:
1 Kalbszunge, 400 g Kalbsbries, etwas brauner Fond, Mehl, Öl, einige Salatblätter zur Dekoration.
Vinaigrette aus Salz, Pfeffer, 1 TL Senf, 2 EL Traubenkernöl, 1 EL Walnußöl, 3 EL Weinessig, 2 EL Balsamicoessig.

Zubereitung:
Zunge etwa 2 ½ Stunden mit etwas Suppengemüse (Sellerie, Lauch, Karotte) in Wasser kochen. Nach dem Garen die Haut abziehen und der Länge nach in Scheiben schneiden. Vor dem Anrichten die Scheiben in etwas Zungenfond erwärmen.
Gewässertes Bries im Zungenfond 20 Minuten mitköcheln lassen. Anschließend in Scheiben schneiden, salzen, pfeffern, mit Mehl bestäuben und in Öl anbraten. Vor dem Anrichten das Bries mit etwas braunem Fond ablöschen und glasieren.

Spargel-Parfait

Für 4 Personen

Zutaten:
300 g geschälter Spargel, 1/4 l heller Geflügelfond, 100 g lauwarme, flüssige Butter, 60 g Kalbsgelee (oder 6 Blatt Gelatine), 200 ml leicht geschlagene Sahne, Salz, Zucker, Zitronensaft, Cayenne-Pfeffer, Kerbel.
Für die Kerbelsauce: Trockener Riesling, Noilly Prat, Kalbsfond, Crème fraîche, Kerbel.

Zubereitung:
Vom Spargel die Köpfe abschneiden, in Salzwasser kurz kochen und beiseite stellen.
Die Spargelstiele in Scheiben schneiden, in wenig Geflügelfond weich dämpfen. Auskühlen lassen. Zusammen mit der flüssigen Butter und dem Gelee (oder Blattgelatine) in den Mixer gegeben, pürieren, passieren, die leicht geschlagene Sahne unterheben, würzen, in Formen abfüllen und 3 bis 4 Stunden kühl stellen.
Für die Sauce Wein, Kerbel, Kalbsfond und etwas Noilly Prat reduzieren, abkühlen lassen, den gezupften Kerbel dazugeben und mixen. Die ebenfalls lauwarme Crème fraîche dazugeben und zu einer luftigen Sauce mixen, abschmecken.
Das ausgekühlte Parfait stürzen, aufschneiden, mit Spargelspitzen umlegen, die Sauce angießen und mit Kerbelblättchen ausgarnieren.

Spargelmus auf kalter Krebssauce mit Krebsen und Spargelspitzen

Für 4 Personen

Zutaten:
1 kg Krebse (16 Stück), 1 Bund Dill, Cayenne, Salz, Kümmel.
Spargelmus: 500 g Spargel, 180 g Béchamel, 150 g Geflügelaspik, 1/2 l bis 3/4 l Sahne, Zitronensaft, Salz, Cayenne.
Krebssauce: 500 g Krebskörper, 4 EL Olivenöl, 1 englischer Sellerie, 1 Karotte, 1 Zwiebel, 100 ml Cognac, 100 ml Weißwein, 100 ml Noilly Prat, 100 g feines Tomatenpüree, 300 g Dill-Stengel, 1 l Geflügel- oder Fischfond.

Zubereitung:
Spargel schälen, Köpfe 4 cm lang abschneiden, Spargelstengel weich kochen, ausdrücken und im Mixer mit der Béchamel mixen. Durch ein Sieb streichen, Geflügelaspik warm beigeben und kurz vor dem Erkalten die geschlagene Sahne unterziehen. In Formen kalt stellen. Spargelspitzen knackig kochen.
Auf Teller die kalte Krebssauce als Spiegel gießen, vom Spargelmousse Nocken ausstechen und auf den Spiegel legen. Mit Krebsschwänzen, Spargelspitzen und Dillsträußchen schön ausgarnieren.

Lauwarmer Spargelsalat

Für 4 Personen

Zutaten:
20 bis 24 mittlere Stangen Spargel, 2 Lauchzwiebeln, 6 Radieschen, 4 EL Kräuteressig, 4 EL Sonnenblumenöl, 4 EL Kochwasser vom Spargel, Schnittlauch, Kerbel, Petersilie, Salz, Pfeffer, Zucker, 20 g Butter.

Zubereitung:
Den Spargel schälen und in leicht gesalzenem Wasser mit einer Prise Zucker und der Butter nicht zu weich kochen (etwa 8 Minuten). Den Topf von der Flamme nehmen und den Spargel weitere 8 Minuten zugedeckt ziehen lassen. Essig, Öl und Spargelwasser gut miteinander verrühren, die Kräuter fein schneiden und unter diese Marinade mischen. Mit Salz, Pfeffer und einer Prise Zukker würzen und abschmecken. Die Spargel aus dem Wasser nehmen, abtropfen lasssen, auf Teller verteilen und mit der Marinade übergießen. Man kann dazu neue Pellkartoffeln servieren.

Topinambur-Apfelsalat mit Walnuß-Dressing

Für 4 Personen

Zutaten:
300 g Topinambur, 200 g Äpfel, möglichst mit roter Schale, 60 g Feldsalat, 10 g grobgehackte Walnußkerne.
Salatsoße: Saft von ½ Zitrone, Saft von 1 Orange, Salz, Pfeffer, ½ EL milder Senf, ½ EL Weißweinessig, 2 EL Walnußöl.

Zubereitung:
In einer Schüssel alle Zutaten für die Salatsoße gut verrühren. Die Topinamburknollen unter fließendem Wasser gut abschrubben und mit der Haut in sehr dünne Scheiben schneiden oder raspeln und sofort in die Salatsoße geben. Die Äpfel waschen und mit der Schale in dünne Scheiben schneiden oder ebenfalls raspeln und auch sofort in die Soße geben und durchmischen. Den Feldsalat auf vier Teller verteilen, die Topinambur-Apfelmischung mit der Salatsoße darübergeben und mit den Walnüssen bestreuen.

Johanna (Ursula Cantieni) in einem ihrer Festtagskleider.

Johannas Lieblingsrezept

Johanna, Hermanns Frau und Mutter von Kati, Karl und Bernhard, ist nach wie vor die Seele und der ruhende Pol auf dem Fallerhof. Fast unbemerkt hält sie die Fäden in der Hand, und mit feinem Gespür bringt sie die Familienstreithähne immer wieder an den Küchentisch. Dort haben Johannas Kochkünste – und wenn's sein muß auch mal ein Machtwort – schon manchem handfesten Krach die Spitze genommen. Dabei vergißt sie aber auch ihre eigenen Interessen nicht. Jetzt, da die Kinder ihr eigenes Leben leben, widmet sie sich immer öfter auch den Dingen, die ihr persönlich Spaß machen. Daß sie aber nach wie vor in der Küche Regie führt, versteht sich von selbst. Wenn sie mal nicht für die ganze Familie kochen muß, sondern nur für sich und ihren Mann, kann das Sößle zu den Bubespitzle gar nicht fein genug sein.

Bubespitzle mit saurem Rahmsößle

Für 2 Personen

Rahmsößle Zutaten:
200 ml süße Sahne, knapp 20 ml milder Weinessig (rot oder weiß), 1 bis 2 Schalottenröhrchen, 2 Eigelb, Salz, frisch gemahlener Pfeffer und Muskatnuß.

Zubereitung:
Sahne bei schwacher Hitze sanft einköcheln lassen bis sie dicklich wird, etwas salzen; Schalottenröhrchen ganz dünn schneiden und dazugeben, danach den Essig einrühren, Topf von der Platte nehmen. Die beiden Eigelb verkleppern, mit dem Schneebesen unterrühren und die Soße schaumig schlagen. Mit frisch gemahlenem Pfeffer und Muskatnuß abschmecken.
Diese Soße kommt über knusprig angebratene Bubespitzle.

Bubespitzle Zutaten:
1 kg Kartoffeln (mehlig kochende Sorte), 250 g Mehl, Salz, Muskatnuß, 2 Eier.

Zubereitung:
Die Kartoffeln, am besten am Vortag, mit der Schale kochen, schälen und mit dem Kartoffelstampfer zerdrücken (man kann sie auch durch das feine Sieb des Fleischwolfes drehen oder reiben). Dann zusammen mit dem Mehl, den Eiern, Salz und Muskat zu einem homogenen Teig kneten. Aus dem Teig etwa 5 cm lange, fingerdicke und an den Enden spitz zulaufende Röllchen formen, in kochendes Salzwasser geben. Sobald sie an die Oberfläche auftauchen herausnehmen und warm stellen. Zum Schluß mit Butter in einer Pfanne leicht anbraten.

Franz (Edgar-Marius Marcus) führt so manches im Schilde.

Franz' Lieblingsrezept

Franz, ehemaliger Geschäftsstellenleiter einer Bank und Sägewerksbesitzer, ist und bleibt das schwarze Schaf, der Bösewicht der Faller-Familie. Er ist Hermanns jüngster Bruder und beide verbindet eine echte Geschwister-"Liebe": wenn sie versuchen, sich gegenseitig über den Tisch zu ziehen, laufen sie zur Höchstform auf. Daran ändert auch nichts, daß sie mittlerweile Geschäftspartner sind: Hermann hat sich an Franz' Sägewerk beteiligt. Und so kommt es, daß Franz nun auch schon mal auf die Hilfe von Hermann angewiesen ist. Das war früher häufig umgekehrt: da mußte Hermann um Kredite bei Franz nachsuchen. Hermann wäre nicht er selbst, würde er das neue Machtgefühl nicht genießen und Franz dann mit Wonne zappeln lassen. In solchen Situationen bleibt Franz nur ein schmackhafter Lauchkuchen als kleiner Trost.

Lauchkuchen nach Schwarzwälder Art

Für 4 bis 6 Personen

Zutaten:
Teig: 250 g Mehl, 20 g Hefe, 1/8 l lauwarmes Wasser, 1/2 TL Salz.
Füllung: 1 bis 1 1/2 kg Lauch, 2 Eier, 6 EL Sahne, 100 g Schinkenspeckwürfel, 4 Tomaten, Curry, Salz, Pfeffer, Zucker.

Zubereitung:
Das Mehl in eine Schüssel geben, in die Mitte eine Mulde drücken und die Hefe hineinbröckeln. Etwas Wasser angießen und die Hefe damit und mit etwas Mehl vom Rand zum Vorteig verrühren. Mit einem Tuch bedecken und 10 bis 15 Minuten aufgehen lassen.
Nun das restliche Wasser mit einer kräftigen Prise Salz zugeben und alles zu einem glatten, elastischen Teig verarbeiten. Den Teig schlagen, bis er Blasen wirft und sich vom Schüsselrand löst. Erneut 30 Minuten gehen lassen.
Den Lauch sehr gut waschen und in dünne Streifen schneiden und 10 Minuten in leicht gesalzenem Wasser ziehen lassen, abschütten. Der Lauch muß noch Biß haben. Mit Curry und etwas Zucker würzen. Speck in kleine Würfel schneiden, Tomaten enthäuten und achteln. Eier mit Sahne, Pfeffer und Salz verquirlen.
Den Hefeteig auf einem mit Öl eingefetteten Backblech ausrollen, Ränder hochdrücken, Lauch, Tomaten und Speckwürfel auf dem Teigboden verteilen, die Sahnemischung darübergießen.
Im vorgeheizten Backofen bei 200°C den Lauchkuchen etwa 30 Minuten backen.

Gebratener Riesenschirmling (Parasolpilz)

Für 4 Personen

Zutaten:
Je nach Größe pro Person 1 bis 2 Kappen vom Riesenschirmling, 3 Eier, Semmelbrösel, Butterfett, Salz, Pfeffer.

Zubereitung:
Die Kappen sollten sich schon weitestgehend geöffnet haben, also möglichst flach sein. Die Stiele sind faserig und nicht zu gebrauchen. Die Eier verquirlen. Auf einem flachen Teller Semmelbrösel bereithalten. Jede Pilzkappe wird dann wie ein Schnitzel paniert und gebraten. Also die Kappe salzen, pfeffern und mit beiden Seiten im Ei wenden, dann mit beiden Seiten in das Paniermehl drükken, überschüssiges Paniermehl abklopfen und sofort in einer Pfanne mit reichlich Butterfett goldgelb herausbakken. Dazu paßt ein Teller mit gemischtem Salat.

Quark mit Pellkartoffeln

Für 4 Personen

Zutaten:
500 g Magerquark, ½ Becher süße Sahne, ½ Becher Joghurt, ein Schuß Milch, 1 Schalotte, 1 Bund Schnittlauch, Salz, Pfeffer, etwas Zitronensaft, 500 g kleine neue Kartoffeln, Butter.

Zubereitung:
Quark, Sahne und Joghurt mit einem Schneebesen kräftig verrühren und aufschlagen (es ist geschmacklich besser, Magerquark und frische Sahne zu nehmen als Vollfettquark ohne frische Sahne. Der Joghurt macht den Quark leichter und frischer im Geschmack). Wenn die Masse noch zu fest ist, etwas Milch angießen. Die Schalotte so klein wie möglich würfeln, den Schnittlauch so fein wie möglich schneiden. Beides mit dem Schneebesen unter den Quark rühren, mit Salz, Pfeffer und einem Spritzer Zitronensaft abschmecken. Mit heißen Pellkartoffeln und Bauernbutter servieren.

Zwiebelkuchen

Für 6 Personen

Zutaten:
Mürbeteig: 250 g Mehl, 100 g Butter, eine Prise Salz, 100 ml Wasser.
Für die Zwiebelmasse: 250 g Zwiebeln, 70 g Schweineschmalz, 100 g geräucherter Speck (den man auch weglassen kann, wenn man ein völlig fleischloses Gericht haben möchte).
Für die Béchamelsauce: ½ l Milch, 50 g Mehl, 50 g Butter, 2 Eigelb, Pfeffer, Salz, Muskatnuß.

Zubereitung:
Den Teig vorbereiten, indem alle Zutaten gut miteinander verknetet werden.
Die Zwiebeln kleinschneiden und im Schweineschmalz glasig dünsten. Sie dürfen nicht braun werden.
Für die Béchamelsauce die Butter bei schwacher Hitze schmelzen, Mehl dazugeben (nicht braun werden lassen), unter ständigem Rühen die Milch dazugießen, würzen, vom Feuer nehmen und die Eigelbe unterrühren. Dann die Zwiebeln hineingeben und nochmals alles gut verrühren. Den Speck in feine Streifen schneiden und in heißem Wasser kurz blanchieren. Eine Backform oder ein Kuchenblech mit dem Teig dünn auslegen, die Zwiebelmasse darauf gleichmässig verteilen und die Speckstreifen darauflegen. Im Ofen bei 220°C etwa 25 Minuten backen. Falls die Oberfläche zu dunkel wird, mit Alu-Folie abdecken.

Poschierte Eier auf Sauerampfer

Für 4 Personen

Zutaten:
8 Eier, 200 g Sauerampfer, 1 Schalotte, ½ l kräftiger Weißwein (Riesling oder je nach Geschmack Gewürztraminer), 8 Scheiben Weiß- oder Toastbrot, 4 EL Essig, Butter, 100 ml Kalbsfond, 1 TL scharfer Senf, Salz, Pfeffer.

Zubereitung:
Die Weißbrotscheiben in einer Pfanne mit etwas Butter von beiden Seiten goldgelb anrösten. Den Sauerampfer waschen, harte Stiele entfernen, kleinschneiden und in Butter mit der feingehackten Schalotte andünsten. Kalbsfond und Wein in einem anderen Topf erhitzen und auf etwa ⅓ reduzieren. Mit Senf, Salz und Pfeffer abschmekken. In einem Topf 1 l Wasser zum Kochen bringen, den Essig dazugeben, die Eier einzeln in eine Tasse aufschlagen und nacheinander vorsichtig in das Wasser, das nur noch leicht köcheln darf, hineingleiten lassen. Eiweißfäden mit dem Stiel eines Holzkochlöffels um das Eigelb herumlegen. Das Wasser darf nun nicht mehr kochen. Nach 4 bis 5 Minuten die Eier mit einer Siebkelle aus dem Essigwasser heben und abtropfen lassen. Auf jeden Teller zwei Weißbrotscheiben legen, den Sauerampfer auf die Scheiben verteilen, darauf die poschierten Eier setzen und mit der Soße überziehen, salzen und pfeffern.

Frische Pfifferlinge in Rahm mit Schupfnudeln

Für 4 bis 6 Personen

Zutaten:
1 kg Pfifferlinge, ½ Zwiebel, 3 EL Butter, 3 EL gehackte Petersilie, ¼ l Sahne, 1 kg Kartoffeln, 200 g Mehl, 3 Eier, Salz, Muskat, Butter zum Anbraten.

Zubereitung:
Pfifferlinge putzen und waschen, kleine Pfifferlinge ganz lassen und größere halbieren oder vierteln. In der Pfanne die feingeschnittene Zwiebel angehen lassen, die Pfifferlinge und die Hälfte der gehackten Petersilie zufügen, salzen, pfeffern, die Sahne zugeben und einkochen lassen.
Für die Schupfnudeln die gekochten und geschälten Pellkartoffeln heiß durch ein Sieb streichen. Mehl und Eier dazugeben, mit Salz und Muskat würzen und alles gut vermengen. Schupfnudeln fingerdick ausrollen, in Salzwasser aufkochen und abgießen. Die Schupfnudeln anbraten, auf dem Teller kranzförmig anrichten und die Pfifferlinge in die Mitte geben, mit Petersilie bestreuen und servieren.
Dazu passen frische Sommersalate.

Waldpilzragout mit Semmelknödeln

Für 4 Personen

Waldpilzragout Zutaten:
800 g frische Waldpilze (z. B. Pfifferlinge, Steinpilze, Semmelstoppelpilze, Maronenröhrlinge), 40 g Butterfett, 20 g Butter, 30 g Mehl, 50 ml Weißwein, 150 ml Gemüsebrühe, 50 g geschlagene Sahne, 1 Bund Schnittlauch, geschnitten, 50 g gehackte, glatte Petersilie, Salz, Pfeffer.

Zubereitung:
Die Pilze putzen, waschen, in kleine Stücke schneiden und in heißem Butterfett anbraten. Erst am Schluß mit Salz und Pfeffer würzen.
Mit Butter und Mehl eine Mehlschwitze herstellen, mit Weißwein ablöschen, unter Rühren die Gemüsebrühe dazugeben, 5 Minuten köcheln lassen. Die gebratenen Pilze dazugeben, einmal durchkochen lassen, die geschlagene Sahne und die Kräuter dazugeben, abschmecken. Heiß auf Teller verteilen, die Semmelknödel dazugeben.

Semmelknödel Zutaten:
250 g altbackene Brötchen oder Brot, ¼ l Milch, 50 g in Butter angeschwitzte Zwiebelwürfel, 50 g Semmelbrösel, 90 g gehackte Kräuter (glatte Petersilie, Schnittlauch, Kerbel), 2 Eier, Salz, Muskat.

Zubereitung:
Die Brötchen in kleine Würfel schneiden, die heiße Milch darübergießen, die anderen Zutaten dazugeben, mit Salz und frisch geriebenem Muskat abschmecken. Kleine Klöße formen und ins kochendes Salzwasser geben, etwa 10 Minuten ziehen lassen.

Überbackene Kräuterflädle mit Bibiliskäsfüllung auf Lauchgemüse

Für 4 Personen

Kräuterflädle: dünner Pfannkuchenteig mit Schnittlauch und Petersilie. Daraus dünne Flädle ausbacken. Den Quark mit Kräutern, etwas Knoblauch und einem Schuß Sahne glattrühren, mit Salz und Pfeffer würzen. Flädle damit füllen.

Lauchgemüse: 500 g Lauch in feine Streifen schneiden, mit etwas Butter dünsten, mit Salz, Pfeffer und etwas Muskat würzen.

Käserahmsauce zum Überbacken: ¼ l Gemüsebrühe, 150 ml Sahne, 150 g geriebener Emmentaler, 150 g geriebener Parmesan.

Die Gemüsebrühe aufkochen, den Käse hinzugeben und mit Muskat und Weißwein abschmecken. Die geschlagene Sahne wird anschließend untergehoben. Das Lauchgemüse in eine feuerfeste Form geben, darauf die gefüllten Flädle setzen, mit der Käsesauce überziehen und überbacken.

Dampfnudeln mit Vanillesoße

Für 4 Personen

Dampfnudeln Zutaten:
500 g Mehl, 30 g frische Hefe, ⅛ l lauwarme Milch,
1 TL Salz, 4 EL Zucker, 2 Eier, 2 EL Butter
Zum Aufziehen: 2 EL Butter, ¼ l Milch, 4 EL Zucker

Zubereitung:
Aus den Zutaten einen Hefeteig bereiten und gut gehen lassen. Den Teig aus der Schüssel nehmen und einen Strang formen, mit einem Messer Scheiben abtrennen, daraus lockere Kugeln formen und diese nochmals gehen lassen.
In einem gut schließenden Topf Butter schmelzen und den Zucker darin zu hellem Karamel brennen; mit der Milch ablöschen und aufkochen lassen. Vom Herd nehmen und etwas abkühlen lassen. Die Dampfnudeln einsetzen und bei geschlossenem Deckel etwa 15 Minuten aufziehen.

Vanillesoße Zutaten:
½ l Milch, 1 Vanilleschote, 3 Eigelb,
75 g Zucker.

Zubereitung:
Vanilleschote auskratzen, Kerne und Schote mit der Milch aufkochen. Zucker und Eigelb schaumig rühren und die heiße Vanillemilch vorsichtig darin einrühren. Noch etwas nachziehen lassen, aber nicht mehr aufkochen.
Dazu paßt besonders gut Heidelbeerkompott.

Karl (Peter Schell) ist mit Leib und Seele Bauer.

Karls Lieblingsrezept

Nach heftigen Konflikten mit seinem Vater hat Karl endlich den Hof überschrieben bekommen, den er zusammen mit seiner Mutter Johanna bewirtschaftet. Karl, mit dem nicht immer gut Kirschen essen ist, hat mittlerweile trotzdem auch sein privates Glück gefunden. Christina, seine Frau, ist von Beruf Dorfhelferin und weiß, wie man auf einem Bauernhof zupacken muß. Nach einem Tag harter Arbeit auf dem Hof kann Karl an filigranen Kochkünsten verständlicherweise keinen großen Gefallen finden. Ein deftiges badisches Schäufele kommt ihm da wesentlich gelegener.

Badisches Schäufele mit Linsengemüse

Für 4 Personen

Zutaten:
4 Scheiben Schäufele zu je 180 g,
200 g kleine grüne Linsen und 100 g rote Linsen
getrennt etwa vier Stunden in Wasser einweichen,
1 Zwiebel in feine Würfel geschnitten,
50 g Speck in feine Würfel geschnitten,
20 g Schweineschmalz, 100 ml Gemüsebrühe,
Salz, Pfeffer.

Das Schäufele ist eine badische Spezialität aus der Schweineschulter. Es wird gepökelt, leicht angeräuchert und dann im Backofen bei niedriger Temperatur saftig rausgebacken.

Zubereitung:
Die Zwiebel- und Speckwürfel in einem schweren Topf in Schweineschmalz anschwitzen, die grünen Linsen mit Einweichwasser und die Gemüsebrühe hinzufügen, etwa 45 Minuten kochen. Garprobe machen. Dann die roten Linsen ohne Einweichwasser hinzufügen und 2 Minuten mitkochen. Abschmecken. Die Schäufelescheiben auf das Linsengemüse legen, Deckel auf den Topf und weiterköcheln, bis das Schäufele heiß ist. Mit Brägele servieren.

Christina (Carmen-Dorothé Moll), die glückliche Braut.

Christinas Lieblingsrezept

Ihr Glück mit Karl verdankt Christina einem Zufall: Als Dorfhelferin mußte sie für Johanna einspringen, die mit einer Thrombose im Krankenhaus lag. Die resolute junge Frau verschaffte sich schnell den Respekt der Familie und die Zuneigung von Karl. Christina ist übrigens Deutschrumänin aus dem Banat (ihre Vorfahren kommen aus dem Schwarzwald). Sie lebt allerdings schon seit einiger Zeit im Schwarzwald und ist mit den dortigen Traditionen eng verbunden. Deshalb war es auch ihr Wunsch, die Hochzeit mit Karl in der Hochschwarzwälder Tracht zu feiern. Beim Essen allerdings hängt sie noch an ihrer alten Heimat. Von dort kommt ihre Vorliebe für Bohnen und Schweinefleisch.

Schweinebäckchen mit grünen Bohnen

Für 2 Personen

Zutaten:
6 bis 8 Schweinebäckchen, 700 g Brechbohnen,
1 Zwiebel, 1 Knoblauchzehe, 40 g Butter, 1 Lorbeerblatt,
etwas Bohnenkraut und Thymian, 2 Tomaten,
¼ l Fleischbrühe, Salz, Pfeffer.

Zubereitung:
Die Bohnen waschen, putzen und in mundgerechte Stükke brechen. Die Butter in einem schweren Eisentopf zerlassen und darin die feingewürfelte Zwiebel und den durchgepreßten Knoblauch glasig dünsten. Thymian, Bohnenkraut und Lorbeerblatt hineingeben.
Die Tomaten enthäuten, die Kerne entfernen und das Fruchtfleisch in Würfel schneiden und zusammen mit den Bohnen in den Topf geben. Die Schweinebäckchen obenauf legen, salzen, pfeffern und die Fleischbrühe darübergießen. Den Topf mit dem Deckel schließen und etwa 45 Minuten leise köcheln lassen.

Rehmedaillons in pikanter Sahnesauce mit Weinbrand flambiert

Zutaten:
Für jede Portion werden benötigt:
2 kleine Rehsteaks zu je 80 g
aus der Keule oder vom Filet des Rehrückens,
1/8 l Sahne (Doppelrahm), 10 Wacholderbeeren,
2 bis 3 g Ingwerpulver, 1/2 Ingwerwurzel fein geraspelt,
1 doppelter Weinbrand (40 ml), 1 TL
Preiselbeerkompott, 1/2 Banane.

Zubereitung:
Die Steaks gut mit Pfeffer und Salz würzen. Wacholderbeeren in der Pfanne sehr fein zerdrücken, Butter erhitzen und die Medaillons darin rosa braten. Rehmedaillons herausnehmen und in eine zweite Pfanne geben. Dann in der ersten Pfanne die Sauce herstellen: Die Banane (längs halbiert) nochmals durchschneiden, in der Pfanne gut anbraten, mit Ingwerpulver bestreuen, die frische Ingwerwurzel und das Preiselbeerkompott zugeben und nach und nach die Sahne einträufeln, dabei die Bananenviertel größtenteils mit der Gabel zerdrücken und unter ständigem Rühren die Sauce bis zur leichten Bräunung bringen. Die Rehmedaillons in der zweiten Pfanne nochmals erhitzen, mit dem Weinbrand flambieren, den Rest des brennenden Weinbrands mit der Sauce mischen und diese über die Fleischstücke geben.
Dazu werden Spätzle serviert.

Wildschweinkotelett in süß-saurem Schlehenragout

Für 4 Personen

Zutaten:
4 Wildschweinkoteletts ohne Fett, 50 g Fett, 20 g Butter,
3 Scheiben Pumpernickel, 1 Messerspitze Zimt,
500 g reife Schlehen, 100 g Honig, 1/8 l Rotwein,
10 ml Weinessig, 50 g Zucker,
5 g grober schwarzer Pfeffer, 1 Prise Salz.

Zubereitung:
Wildschweinkoteletts: Die Koteletts leicht salzen und pfeffern, den Pumpernickel fein mahlen, mit Zimt vermischen. Die Koteletts darin wenden und in Fett langsam rosa braten. Herausnehmen und in Butter nachbraten.
Schlehenragout: Die Schlehen mit dem Kirschentkerner entsteinen. 50 g Zucker leicht karamelisieren, mit dem Rotwein und Essig ablöschen, verkochen lassen, den Honig dazugeben und reduzieren, bis die Masse eine dekkende Substanz hat. Die Schlehen dazugeben, kurz durchkochen, mit Salz und Pfeffer abschmecken.
Beim Anrichten 1 EL des Schlehenragouts unter jedes Kotelett geben.
Dazu passen: Kartoffelkrapfen, Knödel sowie frische Waldpilze.

Rehrücken im Strudelteig
Für 4 Personen

Zutaten:
450 bis 500 g Rehrücken ausgelöst und enthäutet, Öl.
1 Schweinenetz (beim Metzger vorbestellen).

Zubereitung:
Rehrücken in heißem Öl rundherum anbraten, salzen und pfeffern.

Wildfarce Zutaten:
120 Rehfilet, 40 g Crème double,
1 Eiweiß, 20 ml Portwein, 300 g Steinpilze,
1 Schalotte, Butter.

Zubereitung:
Fleisch und Crème double gut kühlen, mit Salz und Pfeffer würzen und pürieren. Die Steinpilze blättrig schneiden und in Butter mit der feingehackten Schalotte anbraten, dann die Pilze unter die pürierte Masse mischen.

Strudelteig Zutaten:
100 g Mehl, 1 kleines Ei, 1 EL Öl, Salz,
etwas Wasser.

Zubereitung:
Alle Zutaten zu einem Teig verarbeiten und zugedeckt etwas ruhen lassen.

Wildsauce Zutaten:
Wildknochen, 1 Möhre,
1 Stengel Lauch, 1 kleine Sellerieknolle,
2 Petersilienstengel, etwas Tomatenmark,
1 Lorbeerblatt, 1 Handvoll Holunderbeeren,
¼ l Rotwein, ½ l Wildfond.

Zubereitung:
Knochen und Sehnen vom Reh in Öl anbraten, Gemüse und Tomatenmark zugeben, weiter anbraten, mit Rotwein ablöschen und mit Wildfond auffüllen und zugedeckt ziehen lassen. Holunderbeeren zugeben, auf die Hälfte reduzieren lassen, durch ein Sieb abpassieren und auf gewünschte Konsistenz einkochen.

Fertigstellung:
Strudelteig dünn ausziehen, Schweinenetz darauflegen, mit ⅔ der Wildfarce bestreichen, Rehrücken darauf betten, danach mit restlicher Farce abdecken. Schweinenetz zusammenlegen, in den Strudelteig einrollen. Mit etwas Eigelb bestreichen. Bei 220°C etwa 12 bis 15 Minuten im Ofen backen.
Den Rehrücken in 8 Scheiben schneiden (1 bis 2 cm dick), auf Teller anrichten, mit der Holundersauce umgießen.

Schwarzwälder Saueressen

Für 4 bis 6 Personen

Zutaten:
250 g Rinderbraten (Bugstück), 250 g Lammkeule, 250 g geschnittener Blättermagen vom Kalb (Kutteln), Zwiebeln, Knoblauch, Lorbeerblätter, Wacholderbeeren, Nelken, Salz, Pfeffer, ⅛ l Wein (Gutedel), 40 ml Madeira, 1 EL Sherryessig, 2 EL Mehl, 1 l Fleischbrühe, 40 g Butterfett.

Zubereitung:
Rinderbraten und Lammkeule mit Lorbeeren, Nelken und Wacholderbeeren ansetzen und schmoren. Nach dem Auskühlen in feine Streifen schneiden. Ebenso werden die Kutteln in feine Streifen geschnitten.
Die Zwiebeln und den Knoblauch mit Butterfett anschwitzen, Mehl dazugeben und braun anrösten. Mit der Fleischbrühe und dem Bratensaft (von Rinderbraten und Lammkeule) aufgießen und unter ständigem Rühren aufkochen lassen. Nun wird die Sauce so lange eingekocht, bis eine leichte, gebundene Konsistenz erreicht ist. Die Sauce mit dem Weißwein, Madeira und dem Sherryessig und mit etwas Pfeffer abschmecken. Zum Schluß die feingeschnittenen Streifen von Rinderbraten, Lammkeule und Kutteln dazugeben.
Dieses Gericht serviert man mit Holzofenbrot oder mit Bratkartoffeln.

Gesottenes Kalbsfilet mit Petersilienwurzel und Kartoffel-Lauch-Gratin

Für 4 Personen

Zutaten:
600 g Kalbsfilet, 1 l kräftige Kalbsbrühe, 800 g Petersilienwurzeln, 40 g Butter, 1 Bund Blattpetersilie, Zucker, Salz, Pfeffer, 800 g Kartoffeln, 300 g Lauch, 100 g Greyerzer Käse gerieben, ½ l Sahne, 50 g Butter, ½ Knoblauchzehe, Salz, Pfeffer, Muskatblüte.

Zubereitung:
Das Kalbsfilet von Fett und Sehnen völlig befreien und in die kochende Kalbsbrühe einlegen. 15 Minuten in der Brühe leicht köchelnd garen.
Die Petersilienwurzel waschen, schälen und in Stifte schneiden. In der Butter kurz angehen lassen, würzen und mit wenig Brühe fertigdünsten. Zum Schluß etwas gehackte Blattpetersilie beigeben.
Den Lauch putzen, längs halbieren, waschen. Das Weiße und den hellgrünen Teil in feine Streifen schneiden und kurz blanchieren. Die Sahne einkochen und mit der halben Menge Lauch im Mixer pürieren. Die Kartoffeln schälen, längs halbieren und in dünne Scheiben schneiden. Eine feuerfeste Form mit Knoblauch ausreiben, ausbuttern und etwas Lauchstreifen einstreuen. Die Kartoffelscheiben fächerartig flach einsetzen und mit Salz, Pfeffer und Muskatblüte würzen. Die restlichen Lauchstreifen darüberstreuen und mit dem Sahne-Lauch-Gemisch begießen. Den Käse und die restlichen Butterflocken darüberstreuen und im Backofen bei 180°C etwa 40 Minuten garen.

Gebratene Hähnchenbrust auf Frikassee von Spargeln und Steinchampignons

Für 4 Personen

Zutaten:
4 Hähnchenbrüste, Fett zum Braten, Salz und Pfeffer, 500 g Spargel, 200 g frische Steinchampignons, 1 Möhre, 1 Zucchini, 1 Zwiebel, 30 g Butter, 40 g Mehl, 50 ml Weißwein, 200 ml Sahne.

Zubereitung:
Spargel schälen und kochen. Steinchampignons putzen und waschen und in Würfel schneiden. Karotte und Zucchini tournieren, d. h. in eine gleichmäßige kleine Form schneiden und in Salzwasser kochen. Die Hähnchenbrüste würzen und in der Pfanne braten und bereitstellen.
Die fein gehackte Zwiebel andünsten, die Steinchampignons dazugeben, etwas Spargelsud und die Sahne angießen, köcheln lassen, abschmecken und diese Sauce mit Mehlbutter leicht binden.
Die Hähnchenbrust in 3 Scheiben in die Mitte des Tellers setzen. Die Spargelstangen in drei Stücke schneiden. Die Spargelstücke zur Seite nehmen. Die Sauce über die Spargelstücke geben. Zum Schluß die tournierten und gegarten Zucchini und Karotten und die Spargelspitzen dekorativ auf die Sauce um die Hähnchenbrust anrichten.
Dazu Reis oder Nudeln servieren.

Saure Rinderleberle mit Brägele

Für 4 Personen

Zutaten:
800 g Rinderleber, 1 große Zwiebel, 1 EL Öl, 2 EL Bratensaft, ⅛ l Rotwein, 2 EL Weinessig, Salz, Pfeffer, Petersilie oder Schnittlauch zur Garnitur.
Brägele: 600 g Pellkartoffeln, 1 Zwiebel, Öl zum Braten, 20 g Butter, Salz und Pfeffer.

Zubereitung:
Leber enthäuten und Gallengänge herausschneiden, schnetzeln und in der sehr heißen Pfanne mit Öl kurz und kräftig anbraten. Sofort wieder aus der Pfanne herausnehmen und beiseite stellen. Zwiebelwürfel in die Pfanne geben und ebenfalls mit etwas Öl angehen lassen. Mit Rotwein ablöschen, würzen und mit Bratensaft die Soßengrundlage verlängern. Reduzieren lassen und Essig beigeben. Die Leber in der Soße wieder kurz erwärmen und gleich anrichten. Gehackte Petersilie oder Schnittlauch darüberstreuen.
Die Brägele sollten vor der Zubereitung der Leber in der Pfanne fertig sein:
Pellkartoffeln schälen und in dünne Scheibchen schneiden. Öl in eine sehr heiße Bratpfanne geben, Kartoffeln darin anbraten. Wenn diese schon etwas Farbe angenommen haben, die gewürfelten Zwiebeln beifügen und mit Salz und gestoßenem Pfeffer würzen. Zum Schluß noch Butterflocken beigeben.

Geschnetzelte Kalbsleber mit Brägele

Für 4 Personen

Zutaten:
700 g Kalbsleber, 30 ml Öl, 30 g Butter,
200 ml Spätburgunder Rotwein, 1 Zwiebel, Salz, Pfeffer,
½ l Bratensauce.
Brägele: Pro Portion 3 Pellkartoffeln,
Butter zum Braten, Salz, Muskat.

Zubereitung:
Die Kalbsleber häuten und feinblättrig schneiden. Die Zwiebel fein hacken.
Die Kalbsleber in sehr heißem Öl kurz anbraten, würzen mit Salz und Pfeffer. Die kurz gebratene Leber aus der Pfanne nehmen, dabei das Öl abgießen. In die noch heiße Pfanne Butter geben und die Zwiebeln darin angehen lassen, ohne daß sie Farbe annehmen, mit Spätburgunder ablöschen und einkochen lassen, die Bratensauce dazugeben. Die Kalbsleber dazugeben und schwenken – nicht mehr kochen, da die Leber sonst hart wird.
Anrichten und mit Kartoffelbrägele als Beilage servieren.
Brägele: Die geschälten Pellkartoffeln (am besten vom Vortag) raspeln. Eine kleine Pfanne gut heiß werden lassen, Butter in die Pfanne geben und in die steigende Butter die geraspelten Kartoffeln geben, rund und flach formen und würzen. Die untere Seite Farbe nehmen lassen und wenden, wenn die Kartoffeln goldbraun geworden sind und die andere Seite schön braten.

Medaillons vom Kalbsfilet in Morchelrahmsauce

Für 4 Personen

Zutaten:
8 Medaillons vom Kalbsfilet à 70 g, Öl zum Braten, Salz,
Pfeffer, 30 g Butter, 20 g fein gehackte Zwiebeln,
150 g frische Morcheln, 20 ml Cognac, 50 ml Weißwein,
400 ml Sahne, 100 ml klarer Bratensaft.

Zubereitung:
Morcheln waschen, der Länge nach vierteln. Pilze nochmals waschen (Morcheln sind oft sehr sandhaltig), Morcheln überkochen und abkühlen. Die fein gehackte Zwiebel in Butter andünsten. Die Pilze dazugeben und mitdünsten. Mit Cognac und Weißwein ablöschen. Sahne und Bratensaft zufügen. Würzen mit Salz und weißem Pfeffer. Pilzsauce einkochen lassen und falls erforderlich etwas binden.
Die Kalbsmedaillons rosa braten, anrichten und mit der Sauce überziehen.
Als Beilage im Frühjahr frischen Stangenspargel und neue Kartoffeln reichen.
Im Sommer mit hausgemachten Spätzle, frischen Sommergemüsen oder frischen Salaten servieren.

Kaninchen in Spätburgunder

Für 4 Personen

Zutaten:
1 Kaninchen, 400 g Pilze (Pfifferlinge, Steinpilze),
¼ l trockener badischer Spätburgunder, ¼ l Kalbsfond,
200 g Butter, Öl, 4 Schalotten, 2 Knoblauchzehen,
Petersilie, Salz, Pfeffer.

Zubereitung:
Kaninchen in mehrere Stücke zerlegen, salzen, pfeffern und in einem schweren Schmortopf in Öl von allen Seiten goldbraun anbraten. Die Fleischstücke herausnehmen, Fett abtropfen lassen, das Öl abgießen, Topf mit Küchenpapier ausreiben, die Butter in den Topf geben und das Fleisch bei kleiner Hitze etwa 45 Minuten schmoren lassen. Fleisch aus dem Topf nehmen und warm stellen. Schalotten fein hacken und in dem Topf andünsten, mit Wein ablöschen und mit dem Fond auffüllen, alles um etwa ⅓ einreduzieren. Mit der restlichen Butter aufschlagen und abschmecken. Die Kaninchenstücke zurück in diese Sauce legen, den Knoblauch durch die Presse hineindrücken und alles nochmals 5 Minuten durchziehen lassen. Zwischenzeitlich die Pilze in Butter dünsten, zum Schluß die feingehackte Petersilie zu den Pilzen geben und diese Mischung zum Kaninchen geben und unterrühren, noch kurz durchziehen lassen und servieren.

Gebratenes Mistkratzerle

Zutaten:
Pro Person ein kleines, etwa 350 g schweres Junghuhn.
Thymian, Petersilie, 1 kleine Zwiebel, 100 g Butter,
Salz, Pfeffer.

Zubereitung:
Das Mistkratzerle ausnehmen, säubern und innen und außen salzen und pfeffern. Thymian, Petersilie und Zwiebel kleinhacken und damit das Hähnchen füllen. In einer gebutterten Pfanne im Backofen bei 200°C etwa eine halbe Stunde goldbraun braten. Zwischendurch immer wieder mit der Butter und dem Bratenfond übergießen. Dazu passen Petersilienkartoffeln und junges Gemüse.

Hähnchen in Riesling

Für 4 Personen

Zutaten:
1 junges Hähnchen, ¼ l Riesling,
¼ l kräftige Hühnerbrühe, 50 g Butter, 3 Schalotten,
100 ml saure Sahne, 150 g Champignons,
1 Knoblauchzehe, 1 Lorbeerblatt, Petersilie, Muskatnuß,
Salz, Pfeffer.

Zubereitung:
Das Hähnchen zerteilen und die Teile in einem schweren Schmortopf von allen Seiten in Butter goldbraun anbraten. Die Schalotten fein würfeln, dazugeben und glasig dünsten, ohne daß sie braun werden. Mit Wein ablöschen und die Brühe angießen. Das Lorbeerblatt dazugeben und alles etwa 40 Minuten leise köcheln lassen. Das gare Fleisch herausnehmen und warm stellen. Die Sauce einkochen und die saure Sahne dazugeben. Die Sauce durch ein Sieb abpassieren, die Butter, die möglichst kalt sein sollte, mit dem Schneebesen unterschlagen. Inzwischen die in feine Blätter geschnittenen Champignons in Butter und mit einem Spritzer Zitrone anbraten, den Knoblauch durch die Presse dazudrücken, kurz mitbraten, dann die feingehackte Petersilie dazugeben, mit erwärmen, dann alles zur Sauce dazugeben. Die Fleischstücke zurück in die Sauce legen, und alles 5 Minuten durchziehen lassen, nicht mehr aufkochen. Dazu passen feine Butternudeln.

Kutteln in Grauburgunder

Für 4 Personen

Zutaten:
800 g gesäuberte, vorgekochte und geschnittene
Kalbskutteln vom Metzger, ½ l badischer trockener
Grauburgunder, 100 ml Kalbsfond, 1 Becher saure Sahne,
50 g Schalotten, 1 Stange Lauch, Butter, Petersilie,
Salz, Pfeffer.

Zubereitung:
Die Kuttel etwa 15 Minuten im Wein kochen, herausnehmen. Schalotten fein würfeln, in der Butter anschwitzen, mit dem Wein, in dem die Kutteln gekocht wurden, ablöschen, die Sahne und den Fond hinzugeben und etwas einreduzieren. Wenn diese Sauce die richtige Konsistenz hat, die Kutteln hineingeben und mit Salz und Pfeffer abschmecken. In der Zwischenzeit den Lauch in sehr feine Streifen schneiden und blanchieren. Die Lauchstreifen zu den Kuttel hinzugeben und alles noch etwa 10 Minuten durchziehen lassen. Ganz zum Schluß die feingehackte Petersilie hineinstreuen und mit Pellkartoffeln servieren.

Schwarzwälder Sauerbraten

Für 4 Personen

Zutaten:
1 kg Rinderbraten, 1 l trockener badischer Spätburgunder, 5 EL Essig, 6 zerdrückte Wacholderbeeren, 2 Nelken, 2 Lorbeerblätter, 2 Zwiebeln, Butterschmalz, ¼ l Fleischbrühe, ¼ l saure Sahne, etwas Röstgemüse (Lauch, Karotten Sellerie), etwas kalte Butter, Salz, Pfeffer.

Zubereitung:
Den Wein mit Wacholderbeeren, Nelken und Lorbeerblättern aufkochen, dann den Essig dazugeben. Das Fleisch am Stück in eine Schüssel legen und mit dem heißen Sud übergießen. Das Fleisch muß vollständig bedeckt sein. Die Zwiebeln in Ringe schneiden und ebenfalls dazugeben. Die Schüssel abdecken und an einen kühlen Platz stellen. Das Fleisch 2 bis 3 Tage in dem Sud marinieren lassen. Mindestens zweimal am Tag das Fleisch wenden, damit es von allen Seiten gut durchziehen kann. Dann das Fleisch aus dem Sud nehmen, abtrocknen und im heißen Butterschmalz von allen Seiten gut anbraten. Das kleingeschnittene Röstgemüse dazugeben und mit anbraten. Mit der Marinade ablöschen, die Fleischbrühe dazugießen und das Fleisch darin etwa 2 Stunden gardünsten. Das Fleisch herausnehmen. Die Sauce absieben, zurück in den Topf geben und auf etwa die Hälfte einreduzieren. Die saure Sahne dazugeben, mit Salz und Pfeffer abschmecken, die kalte Butter zum Abbinden mit dem Schneebesen einrühren, gegebenenfalls mit einem Spritzer Essig oder einem Schuß Rotwein abschmecken. Das Fleisch aufschneiden und auf einer vorgewärmten Platte anrichten und mit der Sauce übergießen. Dazu passen selbstgemachte Nudeln oder Kartoffelbrei.

Leberknödel

Für 4 Personen

Zutaten:
Je 150 g Rinder- und Schweineleber, 150 g altbackene Wasserwecken, 125 g geräucherter Speck, 2 Schalotten, ⅛ l Milch, 40 g feiner Grieß, Butter, etwas Petersilie und Majoran, 2 Eier, Salz, Pfeffer, Muskat.

Zubereitung:
Die Wasserwecken in kleine Würfel schneiden und in der Milch einweichen. Die Schalotten fein würfeln und in der Butter andünsten. Leber, Speck, Weißbrot, Schalotten, Petersilie und Majoran durch die mittlere Scheibe des Fleischwolfes drehen. Diese Masse mit den verquirlten Eiern und dem Grieß gut durcharbeiten, mit Salz, Pfeffer und Muskat abschmecken. Aus der Masse kleine Knödel formen und in nur ganz leise köchelndem Salzwasser 20 bis 30 Minuten garziehen lassen. Die Knödel mit der Siebkelle herausnehmen.
Die Leberknödel werden traditionell mit Sauerkraut serviert. Besonders gut schmeckt es, wenn man in Butter geröstete Zwiebeln auf ihnen verteilt. Wenn Leberknödel übrig bleiben, kann man sie am nächsten Tag wie folgt verwerten: Die Knödel in Scheiben schneiden und in einer Pfanne mit Butter zunächst von einer Seite kurz anbraten, die Scheiben wenden und dann ein verquirltes Ei darübergeben. Wenn das Ei gestockt ist, die Knödel aus der Pfanne nehmen und mit grünem Salat servieren.

Für Bernhard (Karsten Dörr) ist Albert das einzige Verbindungsglied zur Familie.

Bernhards Lieblingsrezept

Bernhard, promovierter Biologe, ist der jüngste Sohn von Johanna und Hermann und nicht gerade zum Landwirt geboren, sondern eher schon zum Bohemien. Während seines Studiums in Freiburg lernte er Monique kennen. Kurz vor der Geburt ihres Kindes Albert ziehen beide auf den Fallerhof. Während sich Monique in der bäuerlichen "Großfamilie" gut einlebt, bekommt Bernhard hier immer mehr Probleme. Er kehrt allein nach Freiburg zurück und etabliert sich beruflich mit einem eigenen Bio-Labor. An Freiburg schätzt Bernhard nicht nur die urbane Lebensqualität, sondern auch die Qualität des Essens. Gebratenes Forellenfilet mit Pinienkernen, Wildgemüse und Thymiankartoffeln kommen ihm da gerade recht.

Zanderfilet mit Kerbel in Riesling gedämpft

Für 4 Personen

Zutaten:
4 Zanderfilets ohne Haut zu je 150 g,
1 kleine Zwiebel, 40 g Butter, ¼ l Riesling,
¼ l Sahne, 4 EL Crème fraîche, Salz, 1 Messerspitze Mondamin.

Zubereitung:
Zanderfilets waschen und gut abtrocknen. Die Zwiebel fein würfeln und in einer Pfanne mit Butter andünsten. Die Zanderfilets dazugeben und kurz ziehen lassen. Mit dem Wein ablöschen und zugedeckt etwa 4 Minuten bei schwacher Hitze dämpfen. Zanderfilets herausnehmen und warm stellen. Nun die Sahne zu dem Fischsud geben und alles etwas einreduzieren. Wenn nötig mit dem Mondamin abbinden. Die Crème fraîche erst kurz vor dem Anrichten einrühren, danach nicht mehr aufkochen. Die Fischfilets auf vorgewärmten Tellern anrichten und mit dem gehackten Kerbel bestreuen. Zum Schluß die Fischsauce auf den Tellern verteilen. Dazu werden feine Butternudeln gereicht.

Alex (Folkert Milster) kam, sah und siegte.

Alex' Lieblingsrezept

Alex Fehrenbach ist von Beruf Tierarzt. Er hat einige Zeit in Afrika und dann in der Stuttgarter Wilhelma gearbeitet. In seine Heimat, den Schwarzwald, kommt Alex zurück, als er vertretungsweise für einen erkrankten Kollegen einspringen muß. Bei einem seiner Besuche auf den Bauernhöfen lernt er auch die Faller-Familie kennen und verliebt sich in Monique. Inzwischen hat er sich beruflich im Schwarzwald etabliert und im Leibgedinghaus neben dem Fallerhof seine Tierarztpraxis eingerichtet. Wenn er auf den Höfen in der Umgebung kranke Tiere versorgt, wird er nach getaner Arbeit häufig zum Essen eingeladen. Mit einer frischen Bachforelle kann man ihm dabei die größte Freude machen.

Schwarzwaldforelle in Kräutern und Speck

Zutaten:
Pro Person 1 bis 2 Forellen, 1 Tomate,
1 EL feingehackte Zwiebeln, frische Kräuter aus dem Garten je nach Saison, 20 g Schwarzwälder Speck,
100 g Butter, Butterfett.

Zubereitung:
Die Forelle waschen und abtrocknen. Innen und außen salzen und pfeffern, dann in Mehl wenden. Bei etwas stärkerer Hitze im Butterfett auf beiden Seiten kurz anbraten. Das Fett abschütten und die kalte Butter zur Forelle in die Pfanne geben. Wenn die Butter bei kleiner Hitze zerlaufen ist, die Zwiebeln und den kleingeschnittenen Speck dazugeben. Die Forelle nochmals wenden und in den auf 160°C vorgeheizten Backofen schieben. Je nach Größe 15 bis 20 Minuten im Backofen lassen, jedoch mehrmals wenden und mit dem Bratfond übergießen.
Die Tomate enthäuten und die Kerne entfernen, das Tomatenfleisch in kleine Würfel schneiden und mit den gehackten Kräutern in die Pfanne zur Forelle geben. Die Forelle ein letztes Mal in den Kräutern wenden, dann auf einer heißen Servierplatte anrichten. Die Butter aus der Pfanne mit den Kräutern und dem Speck über die Forelle gießen.
Dazu gibt es Kartoffeln und Salat.

Nudelteigblätter mit Forellenfüllung

Für 4 Personen

Zutaten:
4 filierte Forellen, Schalotten, einige Steinpilze, Champagneressig.
Nudelteig: 180 g Mehl, 20 g Hartweizengrieß, 2 Eier, Salz, Öl.
Rieslingsauce: 3 Schalotten, 20 ml Riesling, 40 ml Fischfond, Thymian- und Dillstengel, Pfefferkörner, 20 ml Sahne, 40 g gekühlte Butterwürfel.
Rahmspinat: 600 g Spinat, Sahne, etwas Fischsauce.

Zubereitung:
Die Zutaten für die Nudeln zu einem glatten Teig verarbeiten und ruhen lassen.
Für die Sauce die Schalotten, Riesling, Fischfond und die Kräuter auf etwa 10 ml einkochen. Sahne hinzugeben, aufkochen und 5 Minuten köcheln lassen. Durch ein feines Sieb passieren und mit der Butter aufmixen.
Spinat putzen, waschen, blanchieren und kleinschneiden. Mit Fischsauce und geschlagener Sahne einkochen.
Die enthäuteten und halbierten Fischfilets mit Schalotten und etwas Riesling pochieren. Die Steinpilze braten und mit dem Essig ablöschen.
Den Nudelteig 0,5 mm dick ausrollen, 12 Rechtecke von 11 cm Länge ausstechen und kurz blanchieren. Auf heißem Teller abwechselnd je eine Schicht Nudelteig, Spinat, Forelle, Nudelteig, Spinat Forelle, Nudelteig legen und mit Rieslingsauce überziehen. Mit den Pilzen, kleinem Gemüse und Dillzweigen garnieren.

Gefüllte Schwarzwald-Bachforelle in Rieslingsauce

Für 4 Personen

Zutaten:
4 Forellen, 80 ml Sahne, Salz, Pfeffer, Muskat.
Rieslingsauce: Schalotten, Lauch, Karotten, Staudensellerie, ¼ l Wasser, ¼ l badischer Riesling, ⅛ l Sahne, 50 g Zucker.

Die Forellen werden am Rücken rechts und links der Gräten entlang aufgeschnitten, Kopf und Schwanz werden abgetrennt, dann nimmt man die Gräten heraus und putzt die Forellen unter fließendem Wasser aus.
Aus 150 g gut gekühltem, gewürfeltem Forellenfleisch (ohne Haut) wird im Mixer mit der Sahne, die man nach und nach beigibt, eine Farce bereitet. Diese wird mit Salz, Pfeffer und Muskat abgeschmeckt.
Anschließend mariniert man die vorbereitete Forelle mit Salz und Zitrone, füllt sie mit der Farce und gart sie dann 6 Minuten über Dampf.

Sauce: Die Forellengräten werden in einem Topf mit kleingeschnittenen Schalotten, Lauch, Karotten und Staudensellerie in Butter leicht angeschwitzt. Mit Wasser und Riesling auffüllen. Nun alles 10 Minuten köcheln lassen, durch ein Sieb passieren, Sahne dazugeben und die Sauce auf ¼ l reduzieren, mit der kalten Butter binden.
Sauce und Forelle werden auf gut vorgewärmte Teller mit Gemüse der Jahreszeit und Nudeln serviert.

Lachsforelle im Salzteig mit Sauerampfersauce

Für 4 Personen

Zutaten:
1 Lachsforelle von 1,2 kg, 1 Zitrone, Thymian, Dill, Salz, 750 g Salzteig.
60 g kalte Butter, Dill, Sauerampfer, Petersilie, 200 ml Fischweißweinsoße, etwas trockener Weißwein, 1 EL geschlagene Sahne.

Zubereitung:
Fisch schuppen, ausnehmen und Kiemen entfernen sowie die Flossen abschneiden. Den gewaschenen Dill und den Thymian in den Bauch des Fisches legen und würzen. Den Fisch innen und außen mit Zitronensaft beträufeln. Den Salzteig etwa 7 mm dick ausrollen und den Fisch darin einschlagen. 10 Minuten kühl stellen. Den Ofen auf 200°C vorheizen und den Fisch anschließend etwa 15 Minuten backen.
Die kalte Butter mit den Kräutern mixen und durch ein Sieb streichen. Mit dieser Butter die Weißweinsauce schlagen und kurz vor dem Service den trockenen Weißwein und die geschlagene Sahne unterziehen. Mit Sauerampferstreifen die Sauce vollenden. Am Tisch den Teig entfernen, den Fisch filetieren und auf einem Saucenspiegel anrichten.

Salzteig: 300 g Mehl, 300 g Salz, 2 Eier, 100 ml Wasser, 2 EL Weißweinessig, 2 EL Olivenöl.

Zubereitung: Die Zutaten zu einem glatten Teig verkneten und 40 Minuten kaltstellen.

Gebratene Forellenfilets in Weißweinsauce

Für 4 Personen

Zutaten:
4 Forellenfilets zu je 150 g, 80 g Champignonwürfel, 80 g Tomatenwürfel.

Zubereitung:
Forellenfilets säubern und entgräten. Champignons putzen, würfeln und in 1 TL Öl andünsten. Tomaten in kochendes Wasser tauchen, in kaltem Wasser abschrecken und enthäuten. Tomaten entkernen, ebenfalls in kleine Würfel schneiden. In 1 TL Öl rasch andünsten. Champignons und Tomaten auf Küchenkrepp abtropfen lassen.

Weißweinsauce: ⅛ l Weißwein, ¼ l Fischfond, 100 g Crème double, Salz.

Zubereitung:
Weißwein ankochen, mit Fischfond auffüllen und auf ¼ reduzieren lassen. Crème double zugeben, 5 Minuten köcheln lassen, abpassieren, aufmixen und zuletzt die geschlagene Sahne zugeben.
Fertigstellung:
Forellenfilet mit Salz und Pfeffer würzen, mit Zitronensaft beträufeln und in geklärter Butter rasch anbraten. Auf vorgewärmten Tellern anrichten und die angedünsteten Champignon- und Tomantenwürfel darüberstreuen, mit Sauce überziehen und mit Kerbelblättchen garnieren.

Gebratenes Forellenfilet mit Pinienkernen und Zitronenfilets auf Wildgemüse mit Thymiankartoffeln

Für 4 Personen

Zutaten:
Forellen: 4 Forellen à 300 g, 20 ml Sahne,
20 g Pinienkerne, 2 Zitronen, 20 g Butterschmalz,
30 ml kaltgepreßtes Olivenöl,
2 EL gehackte Petersilie, Salz.
Wildgemüse: 300 g Giersch, 300 g Brennesselspitzen,
200 g Vogelmiere, 30 g Butter,
Salz, Muskat, Pfeffer.
Thymiankartoffeln: 800 g kleine neue Kartoffeln,
3 EL gehackter Thymian, 30 g Butterschmalz,
Salz.

Zubereitung:
Forellen: Die Forellen auf ein feuchtes Tuch legen und vom Kopf zum Schwanz hin mit einem scharfen Messer auf der Mittelgräte entlang aufschneiden. Die Bauchgräten entfernen. Wer will, kann die Haut wegschneiden, sie schmeckt aber knusprig gebraten sehr gut. Die Zitronen mit einem Messer so weit abschälen, daß die weiße Haut vollständig entfernt ist. Dann jedes einzelne Zitronenfilet mit einem kleinen Messer ohne Haut heraustrennen. Den Saft auffangen. Die Forellenfilets salzen, durch die Sahne ziehen und in heißem Butterschmalz von jeder Seite 3 Minuten braten.
Wildgemüse: Von den Gemüsen die groben Stengel entfernen, waschen, grob hacken, in kochendes Salzwasser geben, einmal aufkochen lassen und dann in kaltem Wasser abschrecken. Sofort wieder abgießen und abtropfen lassen. Mit Butter in einer Pfanne schwenken und mit Salz, Pfeffer und Muskat abschmecken.
Kartoffeln: Die Kartoffeln mit einer Bürste gut abschrubben und je nach größe mit der Schale halbieren oder vierteln. In Butterfett anbraten, salzen und im Backofen bei 180°C etwa 30 Minuten garen. In den letzten 5 Minuten den gezupften Thymian mitbraten.
Zum Schluß die Pinienkerne in einer Pfanne leicht anrösten, die Zitronenfilets mit dem Saft, der Petersilie und dem Olivenöl dazugeben. Dann das Wildgemüse auf Teller verteilen, Forellenfilet auf dem Gemüse anrichten, Zitronenfilets und Pinienkerne über die Forellen verteilen und mit den Kartoffeln servieren.

Gemüse-Fisch-Eintopf

Für 4 Personen

Zutaten:
Je 200 g Lauch, Möhren, Blumenkohl, Fenchel und Tomaten, 2 Schalotten, ½ l Gemüsebrühe, ½ l Fischfond, 100 ml Sahne, je 200 g Forellenfilet und Zanderfilet, Butter, Salz, Pfeffer, Zitrone.

Zubereitung:
Die Gemüse putzen und in mundgerechte Stücke schneiden. Die Tomaten zuvor häuten, die Kerne entfernen. Die Schalotten fein würfeln und in der Butter andünsten, die Gemüse ohne die Tomaten dazugeben, ebenfalls kurz andünsten, dann mit der Gemüsebrühe und dem Fischfond auffüllen, kochen, bis das Gemüse gar ist, aber noch Biß hat. Dann die Sahne dazugeben, mit Salz und Pfeffer abschmecken. Die Fischfilets in Stücke scheiden, salzen, pfeffern und mit Zitrone beträufeln. Nun die Fischstücke und die kleingeschnittenen Tomaten in den Topf geben und noch einige Minuten ohne zu kochen durchziehen lassen. Mit Weißbrot servieren.

Forelle blau mit Sauce hollandaise

Für 4 Personen

Zutaten:
4 Forellen, 50 g Sellerieknolle, 2 Karotten, 1 Stange Lauch, 1 Zwiebel, 1 Thymianzweig, 1 kleiner Bund Petersilie, 2 Gewürznelken, 2 Lorbeerblätter, 3 zerdrückte Wacholderbeeren, Salz, 4 EL Weißweinessig.
Sauce hollandaise: 400 g Butter, ¼ l kräftiger, trockener badischer Weißwein, 1 EL Weißweinessig, etwas Zitronensaft, 4 Eigelb, Salz, Pfefer.

Zubereitung:
Die Forellen ausnehmen und waschen. Das Gemüse putzen und in grobe Stücke schneiden. In einem großen Topf, in dem die Forellen Platz haben müssen, Wasser zum Kochen bringen, die Gewürze und den Essig dazugeben und einige Minuten kochen lassen. Dann die Forellen in den Sud hineinlegen und je nach Größe 10 bis 15 Minuten (lieber eine Minute weniger als eine zuviel) ziehen lassen. Das Wasser darf dabei nicht mehr kochen.
In der Zwischenzeit die Sauce hollandaise zubereiten. Die Butter schmelzen. Wein, Essig, Zitronensaft, Salz und Pfeffer in einem anderen Topf auf die Hälfte einkochen, danach abkühlen lassen. Dann das Eigelb mit dem Schneebesen unterrühren und aufschlagen. Während des Aufschlagens nach und nach 4 EL Wasser und die flüssige Butter sehr langsam dazugeben und weiterschlagen, bis eine cremige Konsistenz entsteht. Abschmecken.
Die Forellen vorsichtig aus dem Sud herausheben und mit der Sauce übergießen. Dazu passen Salzkartoffeln.

Nicht nur für Monique (Anne von Linstow) ist Albert (Julian Hertweck) der Sonnenschein.

Moniques Lieblingsrezept

Auch nach ihrer gescheiterten Beziehung mit Bernhard, dem jüngsten Sohn der Familie, ist Monique mit dem gemeinsamen Kind Albert auf dem Hof geblieben. Sie, die Großstädterin, fühlt sich wohl in der Großfamilie auf dem Land. Und der kleine Albert ist glücklich, daß er Oma und Opa jeden Tag sehen kann. Sie hat auch einen neuen Lebenspartner gefunden, Alex Fehrenbach. Er ist Tierarzt. Mit ihm zusammen lebt und arbeitet sie als angehende Tierarzthelferin in dem Leibgedinghaus neben dem Fallerhof, wo Alex seine Praxis eingerichtet hat. Als Französin mit deutscher Mutter liebt Monique raffinierte Desserts, wie Halbgefrorenes mit Zitronenthymian. Und wenn das Erdbeer-Kompott, das es dazu gibt, auf den Tisch kommt, dann ist auch Albert nicht zu bremsen.

Halbgefrorenes mit Zitronenthymian und Erdbeeren

Für 8 bis 10 Personen

Zutaten:
3 Eier, 90 g Zucker, 50 g Waldhonig,
30 g gehackte Blätter vom Zitronenthymian,
1 Zitrone, ½ l geschlagene Sahne.
800 g Erdbeeren, 80 g Zucker,
100 ml Wasser.

Zubereitung:
Die Eier mit dem Zucker und dem Honig über dem Wasserbad heiß aufschlagen, den Zitronenthymian und den Saft der Zitrone hinzufügen und das ganze über kaltem Wasser kaltschlagen. Die geschlagene Sahne dazugeben, in Portionsförmchen füllen und etwa 6 Stunden einfrieren. Das Wasser und den Zucker aufkochen. Die Erdbeeren waschen, vierteln und mit dem abgekühlten Zuckersirup marinieren. Wer will, kann noch etwas Grand Marnier hinzugeben. Die Erdbeeren auf Teller verteilen, das Halbgefrorene in die Mitte setzen und mit dem Zitronenthymian garnieren.

Hermann (Wolfgang Hepp) in seinem Element als engagierter Bürgermeister.

Hermanns Lieblingsrezept

Hermann, Wilhelms ältester Sohn und Hoferbe, hatte schon als Gemeinderatsmitglied, Vorstandsmitglied im örtlichen Musikverein und Mitglied im Kirchengemeinderat so viele „Nebenjobs“, daß seine Mitarbeit auf dem Hof immer mehr zurücktreten mußte. Als „Graue Eminenz“ mischte und mischt er im Ort nur allzu gerne überall mit. Seit er nun sogar Bürgermeister ist, hat er für den eigenen Hof noch weniger Zeit als zuvor. Dafür setzt er sich nun aber um so mehr für die Belange der Bauern ein und kümmert sich um das Wohl seiner Gemeinde. Bei aller zeitlichen Beanspruchung: Eines lockt ihn mit Sicherheit nach Hause an den Küchentisch – der Duft von frischem, warmem Apfelstrudel.

Apfelstrudel

Zutaten:
300 g Mehl, 5 EL Öl, 1 Prise Salz, soviel warmes Wasser, wie der Teig braucht.
Etwa 2 kg Boskop-Äpfel, eine Handvoll Rosinen,
2 Becher Sauerrahm, Zimtzucker.
Butter für den Bräter, etwas heiße Milch
mit einem Löffel Zucker.

Zubereitung:
Mehl auf ein Brett häufen, in die Mitte das Salz, das Öl und warmes Wasser geben. Zuerst mit einem Löffel verrühren. Dann den Teig gut abkneten, bis er nicht mehr klebt. Je besser er geknetet ist, desto leichter läßt sich der Teig ausziehen und umso feiner wird der Strudel.
Den Teigkloß mit etwas Öl bestreichen und unter eine warme Kasserolle legen. Der Teig sollte mindestens ½ Stunde rasten; den Topf zwischendurch nochmals anwärmen.
Während der Ruhezeit des Teiges die Äpfel schälen, vierteln und in dünne Stücke schneiden. Die anderen Zutaten griffbereit halten. Butter in der Bratpfanne zerlassen.
Den Strudelteig in zwei Hälften teilen. Eine davon auf dem gut gemehlten Brett ausrollen und dann über der Faust an den Rändern ausziehen, so dünn es geht. Den Teig auslegen und mit der Rundung eines Löffels den Inhalt eines Bechers Sauerrahm verstreichen, die Hälfte der Äpfel darauf ausbreiten, die Hälfte der Rosinen und des Zimtzuckers verteilen und sofort zusammenrollen und in den Bräter geben. Mit der zweiten Hälfte des Teiges und der Füllung ebenso verfahren. Bei mittlerer Hitze (175°C) im Backofen backen. Nach etwa ¼ Stunde mit der gezuckerten, heißen Milch übergießen und noch etwa 45 Minuten weiterbacken.
Für Ungeübte wird empfohlen, den Teig auf einer Ser-

viette auszuwellen, damit er leichter zu rollen ist. Aber eigentlich genügt etwas Mut, die mit den Äpfeln gefüllte Rolle in die Bratpfanne zu heben. Rasch zu arbeiten empfiehlt sich jedoch, damit der Teig nicht an der Unterlage anklebt.
Heiß servieren als Mittagessen oder auch zum Kaffee.

Apfelkuchen vom Blech

Zutaten:
Für den Mürbeteig: 250 g Mehl, 120 g Butter, 25 g Zucker, 5 g Salz, 100 ml kaltes Wasser.
Für den Belag: 1 kg säuerliche Äpfel, 25 g Zucker, 75 g Vanillezucker, 100 ml Milch, 100 ml süße Sahne, 2 Eier.

Zubereitung:
Den Mürbeteig herstellen, indem alle Zutaten zu einem homogenen Teig verknetet werden. Mit dem Teig ein Kuchenblech auslegen. Die Äpfel schälen, Kerngehäuse entfernen und in Achtel schneiden. Diese Achtel in Reihen auf den Teig legen, so daß sie sich leicht überlappen. Zukker, Vanillezucker, Milch, Sahne und Eier gut verquirlen und die Masse gleichmäßig über die Äpfel gießen. Im Backofen bei etwa 220°C etwa 45 Minuten backen.

Schwarzwälder Kirschenplotzer

Für 4 Personen

Zutaten:
400 g alte Brötchen, Bruchzwieback oder Biskuitreste,
6 Eier, 125 g Butter, 250 g Zucker, Paniermehl,
125 g Mandeln, 20 ml Kirschwasser,
Zimt, Nelken gemahlen,
750 g entsteinte Kirschen oder Sauerkirschen,
½ bis 1 l Rotwein.

Zubereitung:
Brötchen je nach Geschmack in ½ bis 1 l Rotwein einweichen; eventuell noch mit etwas Milch ergänzen. Butter, Zucker und Eigelb schaumig rühren, Brötchenmasse, Zimt und Nelken beifügen, ebenso das Kirschwasser und die Mandeln und alles gut vermengen. Eiweiß steif schlagen und locker unterheben, danach die Kirschen. In eine gebutterte und mit Paniermehl ausgestreute Springform geben und bei 190°C etwa 1 Stunde im Ofen backen. Lauwarm mit Vanillesauce servieren.

Kilbiküchle oder Scherben

Für 6 bis 8 Personen

Zutaten:
3 Eier, 150 g Butter, 1 kg Mehl, ½ l Sauerrahm,
1 Prise Salz.

Zubereitung:
Butter schaumig rühren, dann die Eier und den etwas angewärmten Sauerrahm und das Salz beifügen. Gut umrühren. Mehl beifügen und ebenfalls gut untermengen. Zu einem festen Teig kneten und anschließend dünn auswellen. Rauten ausrädeln und mit dem Rädle ein- bis zweimal pro Raute einpicken. Bei Zimmertemperatur auf Tücher legen und antrocknen lassen. In heißem Fett schwimmend backen, abtropfen lassen.

Zur Kilbi (Kirchweih) wird dieses Fettgebackene gerne zum Frühschoppen zu Bier oder Wein oder auch zum Nachmittagskaffee gegessen.

Glasierten Apfelpfannkuchen zum Dessert

Für 2 Personen

Zutaten:
2 Boskop-Äpfel, 2 Eier, 100 g Mehl, 100 ml Milch,
1 Prise Salz, 2 EL Zucker.

Zubereitung:
Mehl, Ei, Milch und Salz zu einem Pfannkuchenteig verrühren. Apfel schälen, Kerngehäuse ausstechen, in dünne Scheiben schneiden.
Etwas Butterfett in der Pfanne erhitzen, die Hälfte des Teiges einlaufen lassen und dünn ausstreichen, darauf die Apfelscheiben nebeneinander auflegen und diese mit dem restlichen Teig nochmals dünn bestreichen. Das Ganze von beiden Seiten backen, mit etwas Zucker bestreuen und glasieren. Nach Belieben zuletzt mit Apfelschnaps abflämmen und auf dem Teller mit Vanille-Eis anrichten.

Quarkplotzer mit beschwipsten Herzkirschen

Für 4 Personen

Zutaten:
250 g Magerquark, 150 g gekochte Kartoffeln vom Vortag (kalt), 150 g Zucker, 1 Päckchen Vanillezucker,
Saft und Schale einer ungespritzten Zitrone, 30 g Butter,
60 g Mehl.

Zubereitung:
Quark auspressen, alle Zutaten zu einem Teig kneten, kleine Taler formen (4 cm Durchmesser), in Butterschmalz beidseitig goldgelb braten, noch warm mit Puderzucker bestreuen.

Für die Kirschen: 700 g Kirschen, 200 g Zucker,
100 ml Kirschwasser.

Zubereitung:
Kirschen entsteinen, Zucker mit Kirschwasser verrühren, über die Kirschen geben und 4 bis 5 Stunden ziehen lassen. Zusammen servieren.

Kirschenmännle

Für 4 bis 6 Personen

Zutaten:
1 kg Brot (nach Belieben weiß, gemischt oder schwarz), ½ l Milch, 3 bis 4 Eier, 100 g Zucker, je 1 Prise Zimt und Salz, abgeriebene Schale einer Zitrone, 50 g Butter, 1 ½ kg Kirschen, Zimt und Zucker zum Bestreuen.

Zubereitung:
Das Brot in ¼ l lauwarmer Milch gut einweichen, anschließend ausdrücken und in eine große Schüssel geben. Die Eier mit der restlichen Milch verrühren, Zucker, Zimt, Salz und Zitronenschale hinzugeben und alles mit der Brotmasse vermengen, ebenso die zerlassene Butter. Nun die entsteinten Kirschen darunterheben, die Masse in eine gut gebutterte Auflaufform füllen und im Ofen bei 200°C etwa 40 bis 50 Minuten backen. Zum Schluß nach Belieben mit Zucker und Zimt bestreuen. Das richtig gelungene Kirschenmännle ist innen saftig und außen knusprig.

Ausgebackene Holunderküchle

Für 4 Personen

Zutaten:
Für den Bierteig: 100 g Mehl, 2 Eier, 60 g zerlassene Butter, 2 EL Zucker, 1 Prise Salz, ⅛ l Bier. 12 schöne, voll erblühte Blütendolden vom schwarzen Holunder, Butterschmalz.

Zubereitung:
Mit dem Schneebesen aus den Zutaten für den Bierteig einen relativ dünnflüssigen Teig rühren, ½ Stunde ruhen lassen und nochmals mit dem Schneebesen aufschlagen. Die Blütendolden gut ausschütteln, aber nicht waschen. Wer sie waschen möchte: kurz abbrausen, aber so rechtzeitig, daß sie wieder vollständig trocknen können. Dann die Dolden am Stiel anfassen, kopfüber in den Teig tauchen und sofort in einer Pfanne mit heißem Butterschmalz goldgelb ausbacken. Mit Puderzucker bestäuben und sofort noch warm servieren.

Sauerkirschen-Sorbet

Für 4 Personen

Zutaten:
90 bis 100 g Zucker, 200 ml Wasser,
250 g Sauerkirschen, 10 ml Kirschwasser,
10 ml Limettensaft, 20 ml roter Sekt,
4 Kirschen mit Stiel, Melisseblätter.

Zubereitung:
Zucker und Wasser kurz aufkochen und erkalten lassen. Entsteinte Sauerkirschen im Mixer pürieren. Limettensaft und Kirschwasser zugeben und mit dem Zuckersirup vermischen, danach in der Eismaschine frieren.
Fertigstellung: Sorbet mit einem Löffel in hohe Stielgläser füllen, mit Sekt überträufeln. Mit den Stielkirschen und je einem Melisseblatt garnieren.

Zwetschgen mit Portwein-Sabayon

Für 4 Personen

Zutaten:
32 entsteinte Zwetschgen, ¼ l roter Portwein,
⅛ l Rotwein, 125 g Zucker.
Sabayon: 3 Eigelb, 80 g Zucker,
¼ l Kochflüssigkeit von den Zwetschgen.

Zubereitung:
Portwein, Rotwein und Zucker erhitzen, die Zwetschgen hineingeben und etwa 5 Minuten pochieren.
Für die Sabayon alles gut verrühren und im Wasserbad zu einer cremigen Masse aufschlagen.
Zwetschgen in tiefen Tellern anrichten, mit dem Sabayon übergießen und bei Oberhitze kurz gratinieren.

Schwarzwälder Kirschparfait mit Beerensalat

Für 4 Personen

Zutaten:
2 Eigelb, 50 g Zucker, 250 g Sauerkirschen,
20 ml Kirschlikör, ⅛ l geschlagene Sahne,
Melisseblätter.

Zubereitung:
Das Eigelb mit dem Zucker im Wasserbad cremig schlagen, Schüssel mit der Masse in kaltes Wasser stellen und so lange weiterrühren, bis die Masse fest und abgekühlt ist. Kirschen pürieren, mit Zucker und Kirschlikör aromatisieren, durch ein Sieb passieren. Die Hälfte des Kirschsaftes unter die kalte Eimasse ziehen (andere Hälfte für den Beerensalat beiseite stellen). Danach die nicht zu steif geschlagene Sahne unterheben. In Förmchen füllen und im Gefrierfach fest werden lassen.
Fertigstellung: Parfait auf Teller stürzen, Beeren mit etwas Fruchtsauce marinieren. Beerensalat um das Parfait anrichten. Mit Melisseblatt garnieren und mit Puderzucker bestäuben.
Dazu Mandelgebäck servieren.

Geeister Kirschwassergugelhupf mit Schwarzwaldkirschen

Für 6 Personen

Zutaten:
6 Eigelb, 250 g Zucker, ¼ l Milch, 1 Vanilleschote, 100 g Schokoladenraspeln, 60 ml Kirschwasser, 350 ml Sahne, Eisgugelhupfform mit 1,5 l Inhalt. 400 g Kirschen, ⅛ l Rotwein, Zimtstange, 200 g Zucker, 2 EL Stärke.

Zubereitung:
Die Eigelbe mit dem Zucker schaumig rühren. Die Milch mit der aufgeschnittenen Vanilleschote zum Kochen bringen. Die Vanilleschote herausnehmen. Die heiße Milch nach und nach zu den Eiern mit dem Zucker zufügen. Die Creme im Rührkessel kalt schlagen. Das Kirschwasser zufügen und die steif geschlagene Sahne unter die Creme mischen. Die Schokoladenstreusel untermischen. Die Masse in die Gugelhupfform füllen und etwa 3 ½ Stunden gefrieren lassen.
Rotwein, Zimtstange und Zucker aufkochen. Die entstielten und gewaschenen Kirschen mit Zucker in den Rotwein geben und aufkochen. Die Zimtstange herausnehmen. Zum Binden die Stärke mit Wasser glattrühren, vorsichtig mit dem Holzlöffel einrühren, damit die Kirschen nicht beschädigt werden.
Die Gugelhupfform stürzen, in Portionsgröße schneiden und auf einem Teller anrichten. Sauerkirschkompott dazugeben, mit Sahne garnieren und mit Schokostreuseln bestreuen.

Rhabarber-Erdbeer-Kompott mit Vanilleeis

Für 4 Personen

Zutaten:
250 g Rhabarber, 300 g Erdbeeren, 1 Zitrone, ⅛ l Wasser, 150 g Zucker, Vanilleeis, Minzblätter, Grand Marnier.

Zubereitung:
Rhabarber waschen, enthäuten und in etwa ½ cm große Stücke schneiden. Die Erdbeeren waschen und vierteln. Den Rhabarber mit dem Saft der Zitrone, dem Wasser und dem Zucker aufkochen. Dann von der Flamme nehmen und die Erdbeeren darunterheben. Abkühlen lassen. Das Kompott in tiefen Tellern anrichten und eine Kugel Vanilleeis daraufgeben. Mit ein paar Spritzern Grand Marnier verfeinern und mit einem Minzblatt dekorieren.

Die Fallers versammelt um den Tisch zum festlichen Mahl.

Das Faller-Festtags-Menü

Holundersirup mit Sekt

*

Nudelsuppe

*

Rehkeule mit Blaukraut und Spätzle

*

Apfelküchle

*

Kaffee und Kirsch

Mit den ersten Vorbereitungen für das Festtagsmenü der Fallers muß man Ende Juni/Anfang Juli beginnen, dann, wenn der Holunder im Schwarzwald in voller Blüte steht. Nur in dieser Zeit kann man den Holundersirup anzusetzen. Diese kleine Vorarbeit lohnt sich jedoch nicht nur im Hinblick auf den Aperitif zum Festtagsmenü. Der Sirup eignet sich – mit Sekt oder auch mit Mineralwasser aufgegossen – das ganze Jahr hindurch als herrliches Erfrischungsgetränk.

Holundersirup mit Sekt

2 l Wasser mit 2 kg Zucker aufkochen. 8 bis 10 große, in voller Blüte stehende Holunderblütendolden unter fließendem Wasser säubern, die groben Stengel entfernen. 2 bis 3 unbehandelte Zitronen in Scheiben schneiden. Zitronen, Holunderblüten und 20 g Zitronensäure (in der Apotheke erhältlich) in ein großes Glas legen und mit dem heißen Sirup übergießen. Zudecken. Diese Mischung fünf Tage lang an einem warmen Ort stehen lassen (bei schönem Wetter das Glas einfach in die Sonne stellen). Durch ein Sieb abgießen, kurz aufkochen, in sterile Flaschen füllen und verschließen.
Von dem gut gekühlten Sirup einen kräftigen Schuß in ein Sektglas geben und mit Sekt auffüllen.

Nudelsuppe

Eine gute Suppe hält Leib und Seele zusammen, sie wärmt den Magen, ist unverzichtbare Grundlage und Auftakt für ein gutes badisches Essen. Daß für ein Festessen ausschließlich eine selbstgekochte Fleischbrühe in Frage kommt, versteht sich von selbst. Aber auch die Nudeln kommen heute nicht aus dem Päckchen (was an einem normalen Werktag natürlich erlaubt ist), sondern sind frisch und selbstgemacht. Das für die Suppe gekochte Ochsenfleisch wird üblicherweise als Hauptgericht gegessen. Heute schwelgen aber auch die Fallers ein bißchen im Luxus: deshalb wird das Fleisch in kleine Würfel geschnitten und in die Suppe gegeben. Denn als Hauptgang warten schon ganz andere Genüsse.

Fleischbrühe:
2 bis 3 l Wasser zum Kochen bringen. 800 g Rindfleisch (Brustkern, Bugblatt) dazugeben und wieder bis zum Siedepunkt erhitzen, salzen. Die Brühe abschäumen und, wenn nötig, entfetten. Bei schwacher Hitze leicht köcheln lassen. 3 geschälte Karotten und 1 kleine geschälte Sellerieknolle in die Brühe geben. 1 große, ungeschälte Zwiebel halbieren und ohne Fett die Schnittflächen in einer

Pfanne anbräunen (das gibt Geschmack, die braune Zwiebelschale bringt eine kräftige Färbung) und in die Brühe geben. Die gesamte Kochzeit beträgt je nach Größe des Fleischstückes 2 ½ bis 3 Stunden. Etwa ½ Stunde bevor das Fleisch gar ist, noch 1 Stange geputzten Lauch, zwei Petersilienwurzeln und ein paar Blätter Liebstöckel dazugeben. Dann die Brühe mit Salz, Pfeffer und Muskat würzen und durch ein Tuch absieben.

Handgemachte Nudeln:
Aus 400 g Mehl, 4 Eiern, 1 bis 2 TL Wasser und etwas Salz einen Nudelteig herstellen. Dazu das Mehl auf ein Brett häufen, eine Kuhle in die Mitte drücken, die Eier hineinschlagen, Wasser und Salz dazugeben und alles zu einem festen Teig kneten. Das dauert etwa 15 bis 20 Minuten. Der Teig muß elastisch, glatt und glänzend sein. Den Teig in einer mit einem Tuch bedeckten Schüssel ¼ Stunde ruhen lassen. Da es auf dem Fallerhof noch keine italienische Nudelmaschine gibt, geht es so weiter: Den Teig auf einem leicht eingemehlten Brett mit dem Wellholz etwa 1 bis 1,5 mm dünn auswellen. Die Teigplatte mit einem Hauch von Mehl bestäuben und zusammenrollen. Von dieser Teigrolle mit einem scharfen Messer dünne Scheiben abschneiden. Die Scheiben aufrollen und die so entstandenen Nudeln locker auf ein trockenes Tuch legen.
Die Fleischbrühe wieder zum Kochen bringen, das in kleine Würfel geschnittene Fleisch und die Nudeln hineingeben und weiterkochen, bis die Nudeln gar sind (das dauert bei frischen, selbstgemachten Nudeln nur ganz kurz, etwa 1 Minute). Die Suppe in Teller schöpfen, frische Muskatnuß darüberreiben, je nach Geschmack Schnittlauch, Petersilie oder Liebstöckel fein gehackt darüberstreuen.
Dazu gibt es Weißen Burgunder.

Rehkeule mit Blaukraut und Spätzle

Das Reh hat Wilhelm schon vor gut einer Woche geschossen. Man mag heute zwar keinen starken Hautgout mehr, aber ein bißchen abgehangen sollte das Fleisch schon sein. Einen Tag vor dem Festessen wird die Keule gebeizt, nicht länger, da sie durch eine zu lange Zeit in der Beize den typischen Wildgeschmack verliert und zum Schluß nur noch wie ein gewöhnlicher Rindersauerbraten schmeckt. Dazu gibt es Pilzsoße, Blaukraut, Spätzle und Preiselbeeren aus der Vorratskammer.

Die Beize besteht aus 45 % Wasser, 45 % trockenem Spätburger Rotwein und 10 % Rotweinessig (man braucht so viel Flüssigkeit, damit die Keule komplett bedeckt ist), einer Nelke, einem Lorbeerblatt, einer kleinen durchgeschnittenen Zwiebel und einigen zerstoßenen Pfefferkörnern. Die Keule hineinlegen und gelegentlich umdrehen.

Die Keule aus der Beize nehmen, mit Küchenpapier trocknen und in einer Kasserolle in Butterschmalz von allen Seiten anbraten. Ein paar Karotten, Zwiebeln und Lauchstangen dazugeben, mit einem Teil der Beize und mit badischem Spätburgunder Rotwein ablöschen. Zugedeckt etwa zwei Stunden im Backofen bei 180°C garen, immer wieder Rotwein angießen. Die Keule herausnehmen, zudecken und auf einer Platte im abgeschalteten Ofen 10 Minuten ruhen lassen. In der Zwischenzeit den Bratenfond in der Kasserolle reduzieren, Pfifferlinge, die zuvor in Butter angebraten wurden, und etwas Sahne dazugeben, zum Schluß zwei Teelöffel Preiselbeer- oder Quittengelee einrühren, mit Salz und Pfeffer abschmekken. Die Keule aufschneiden, auf eine vorgewärmte Platte legen und mit einem Teil der Soße umgeben. Den Rest der Soße in einer Sauciere extra servieren.

Blaukraut:
Einen Blaukrautkopf in feine Streifen schneiden oder hobeln und waschen. In einem schweren Topf zwei Eßlöffel Zucker mit Butter karamelisieren. Eine feingehackte Schalotte, einen geschälten und in kleine Stükke geschnittenen säuerlichen Apfel und das abgetropfte Kraut dazugeben, salzen, pfeffern und zusammen mit einer Nelke garkochen. Falls Flüssigkeit fehlt, etwas Rotwein angießen. Wenn das Kraut fast gar ist, einen Schuß Essig dazugeben. Zum Schluß zum Abschmekken etwas Portwein und einen Eßlöffel Johannisbeergelee unterrühren.

Spätzle:
Aus 500 g Mehl, 4 Eiern, 1 EL Salz und 1 Tasse Wasser einen Teig rühren und so lange schlagen, bis er Blasen wirft (nur aus einem solch luftigen Teig werden zarte Spätzle). Die Konsistenz des Teiges muß so sein, daß er einerseits dünn genug ist, um ihn leicht vom Brett ins Wasser schaben können, andererseits darf er nicht so flüssig sein, daß er seitlich vom Brett herunterläuft. Eine kleine Portion Teig auf ein Spätzlebrett geben und mit dem Schaber feine Streifen ins kochende Salzwasser schaben. Zwischendurch die aufgekochten Spätzle mit der Siebkelle aus dem Wasser heben und warm stellen. Zum Schluß einige Butterflocken auf die Spätzle geben und servieren. In einer anderen Variante werden die Spätzle in einer Pfanne mit Butter leicht angebraten und dann serviert. Wer mag, kann noch in Butter braungeröstete Semmelbrösel auf die Spätzle streuen.
Dazu gibt es Faller Spätburgunder Rotwein.

Apfelküchle:
Große, säuerliche Äpfel schälen, die Kerngehäuse ausstechen und in etwa 1 cm dicke Scheiben schneiden. Mit Zucker bestreuen und mit etwas Schnaps (Obstler) beträufeln. Durchziehen lassen.
In der Zwischenzeit wird ein Bierteig zubereitet. Man braucht 130 g Mehl, 300 ml Milch, 75 ml Bier, 8 g Hefe, 1 Eiweiß, Salz und 1 EL Sonnenblumenöl. Die Hälfte der Milch lauwarm machen und darin die Hefe auflösen. Mehl, die restliche Milch, Bier, eine Prise Salz und das Eiweiß mit dem Schneebesen verrühren. Dann die Hefemischung und das Öl dazugeben und wieder gut verrühren. Zugedeckt 2 Stunden stehen lassen.
In einer großen Pfanne ausreichend Backfett erhitzen, so daß die Apfelküchle im Fett schwimmen können. Die Apfelscheiben von beiden Seiten mit Mehl leicht einstäuben, dann durch den Bierteig ziehen und im heißen Fett goldgelb herausbacken. Mit einer Siebkelle aus der Pfanne nehmen und auf Küchenpapier abtropfen lassen. Mit Zimtzucker bestreuen und sofort noch warm servieren.

Zum Schluß gibt es Kaffee – und natürlich einen Verdauungsschnaps, ohne den man ein badisches Festessen nicht gebührend beschließen kann. Und weil auf dem Fallerhof heute ein Festessen zu Ende geht, genügt kein gewöhnlicher Schnaps und auch kein normales Kirschwasser. Es muß ein altes, abgelagertes sein. Wilhelm ist eigens in den Keller gestiegen und hat die verstaubte Flasche aus einer Ecke geholt. Über zehn Jahre hat sie dort gelegen. Mild, weich, voller Kirscharoma und mit dem typischen leichten Bittermandelgeschmack des Steinobstschnapses duftet der Kirsch nun im Glas.

76 Gasthof Engel, Vöhrenbach

Gasthof Engel, Schützenstr. 2, 78147 Vöhrenbach

Tel.: 07727/7052, Fax: 07727/7873

Ruhetag: im Winter Montag und Dienstag, sonst Montag und Dienstagmittag

Betriebsferien: 12 Tage nach Dreikönig und 3 Wochen in den Schulferien

Kreditkarten: Visa

Reinhold Ketterer gehört ohne Zweifel zu den Pionieren einer zeitgemäßen Schwarzwälder Küche, die zwei Dinge miteinander verbindet: die Suche nach alten, authentischen Rezepten und den dazu erforderlichen Zutaten zum einen; und zum anderen die Weiterentwicklung dieser alten Rezepturen, das Experimentieren mit ihnen und deren Anpassung an heutige Geschmacks- und Ernährungserwartungen, mit einem Wort: deren Verfeinerung. Wenn die Renaissance der bodenständigen, regionalbetonten Küche nicht zu einem Rückfall in die alten Zeiten undelikater Sattmacherplatten führen soll, dann braucht es Köche wie den Engelwirt. Sie sind die besten Garanten dafür, daß sich mit dem Wort „Regionalküche" gerade auch für den Feinschmecker die schönsten Erwartungen am Tisch verbinden.

Daß man, um es hierbei zur Meisterschaft zu bringen, den eigenen Horizont immer mal wieder erweitern muß, das scheint der Familie Ketterer geradezu im Blut zu liegen. So reiste seine Urgroßmutter Sofie Ketterer bereits im Jahre 1900 nach Paris, um sich die Grundlagen französischer Haute Cuisine anzueignen. Man muß sich das mal vorstellen: eine junge Hochschwarzwälderin aus einem Dorf, in dem es damals noch nicht mal Strom gab, packt um die Jahrhundertwende ihren Koffer, um sich zur Weiterbildung nach Paris aufzumachen! Und sein Vater, Ernst Ketterer, brachte es als junger Mann sogar zum Leibkoch der Großherzogin von Luxemburg. Man sieht also: ordentlich Frischluft durch die heimische Küche wehen zu lassen, das war schon immer ein Anliegen der Ketterers, die das 1544 erstmals urkundlich erwähnte Haus seit dem 18. Jahrhundert in Familienbesitz führen.

Zu dieser Küche paßt das Ambiente in dem schönen alten Haus mit der Jugendstilfassade. Hier ist die Domäne von Ursula Ketterer. Die alten Gasträume wurden stilecht und mit sicherem Geschmack renoviert, an den 45 Plätzen sitzt es sich hell und luftig, die unaufdringlich, aber gekonnt plazierten Antiquitäten tragen zur gemütlichen Wohlfühl-Atmosphäre bei. Und dann ist es endlich so weit, daß so einfach-raffinierte Gerichte serviert werden wie Sauerampferauflauf mit Schwarzwälder Schinken, Kürbis-Kartoffelsalat mit Kalbskopf oder Spinatmaultaschen mit Bärlauchsoße.

Das Hausrezept

Crepinette vom Kalbsschwanz mit Herz und Bries in Rotweinsauce

Für 4 Personen

Zutaten:

800 g Kalbsschwanz, 1 Schweinenetz, 250 g Bries,
250 g Kalbsherz, 100 g Zwiebeln, Karotten und Sellerie,
2 Knoblauchzehen, 2 Lorbeerblätter, 3 Gewürznelken,
10 zerdrückte Pfefferkörner, Thymian und Rosmarin,
3 Wacholderbeeren, 1 EL Tomatenmark, ½ l Rotwein, ½ l Brühe,
Butterfett, Mehl.

Zubereitung:

Den Kalbsschwanz von Fett befreien, an den Gelenken durchschneiden, salzen, pfeffern und in Mehl wenden. Danach die Stücke in Butterfett von allen Seiten anbraten, bis sie eine schöne bräunliche Farbe angenommen haben. Zwiebeln, Karotten und Sellerie in große Würfel schneiden, den Knoblauch zerdrücken, alles beigeben und mit anrösten. Das Tomatenmark hinzugeben und mit ganz wenig Rotwein ablöschen. Diesen Vorgang (anrösten, mit wenig Wein ablöschen) öfters wiederholen, bis der Bratenansatz eine dunkle Farbe hat. Nun mit dem Rest des Rotweins und der Brühe auffüllen, bis alles bedeckt ist, Gewürze dazugeben, den Topf mit einem Deckel verschließen und in den Backofen stellen und etwa 1 ½ Stunden bei schwacher Hitze garen, bis der Kalbsschwanz weich ist. Das Fleisch nun vom Knochen lösen und in einer Alufolie zu einer Rolle pressen, erkalten lassen, in Scheiben schneiden und diese ins Schweinenetz einwickeln.

Das gewässerte Kalbsbries 8 bis 10 Minuten in einer Brühe mit Lorbeerblatt, Nelke und Zwiebel poschieren. Danach Herz und Bries von Fett und Sehnen befreien, mit Salz und Pfeffer würzen, in Mehl wenden und in der Pfanne zusammen mit den eingewickelten Kalbsschwanzscheiben braten. Das Ganze wird mit der reduzierten, leicht gebundenen Sauce angerichtet.

Als Beilagen eignen sich Pfifferlinge und Rösti.

78 Parkhotel Wehrle, Triberg

Parkhotel Wehrle, Gartenstraße 24, 78094 Triberg

Tel.: 07722/86020, Fax: 07722/860290

Kein Ruhetag, keine Betriebsferien

Karten: Eurocard, AmEx, Diners, Visa

52 Zimmer, DZ ab 150,– DM

Hallenbad, Freibad, Sauna, Solarium

Wer einen Einheimischen nach einer der großen Traditionsadressen der Schwarzwälder Gastronomie fragt, bekommt mit einiger Wahrscheinlichkeit als Antwort: „Ha, 's Wehrle in Triberg". Und in der Tat: das stattliche Gebäude in der Mitte des Ortes ist seit Jahr und Tag ein sicherer Hort für eine regionale kulinarische Tradition auf höchstem Niveau. Denn hier hat man schon früher als andernorts den Blick über den Tellerrand nicht gescheut, so daß mit der subtilen Verfeinerung einheimischer Spezialitäten auch schon zeitiger begonnen wurde als in manch anderem Haus. Gerade dem Lieblingsfisch der Schwarzwälder Köche, der Forelle, hat man sich im „Wehrle" seit jeher mit Phantasie und Kreativität gewidmet. Die Kreationen, die dabei herausgekommen sind – ob souffliert, in Blätterteig gehüllt oder in anderen raffinierten Varianten – haben die ursprünglichen Einfach-Versionen „blau" und „Müllerin" meilenweit hinter sich gelassen und den Ruf des Hauses weit über die Region hinaus gefestigt.

Christoph Trewer, der neue Küchenchef, weiß aber sehr genau, daß auch in einem Traditionshaus sich die Küche nicht auf ihren Lorbeeren ausruhen darf. Er, der hier gelernt hat, dann in der Schweiz und in Portugal Erfahrungen gesammelt und 1993 im Hotel „Halm" in Konstanz in der Aufsteigermannschaft des Jahres gekocht hat, setzt mit dezenten und leicht mediterranen Anklängen neue Akzente, ohne die regionale Ausrichtung der Speisekarte zu vergessen. Dabei kommt ihm zugute, daß das Haus über zwei Speiseräume verfügt, in denen auch unterschiedliche kulinarische Erwartungen befriedigt werden können: in der rustikalen „Alten Schmiede" wird betont regional aufgetragen, im vollständig mit Holz getäfelten Gourmetrestaurant – einem Prunkstück des Hauses – kommen die etwas internationaler geprägten Gerichte auf den Tisch. Unterm Strich ist dies eine gekonnte Mischung, die zu keiner Zeit kulinarische Langeweile aufkommen läßt. Das Wirtshausschild mit dem goldenen Ochsen in der Mitte erinnert an die wechselvolle Geschichte des Hauses. Als Gasthaus „Zum goldenen Ochsen" wird es erstmals im Jahre 1608 erwähnt, zehn Jahre vor Ausbruch des Dreißigjährigen Krieges. Das Gold des Ochsens blätterte allerdings mit der Zeit ab, und während des langen Krieges war Gold so rar, daß das schöne Wirtshaussymbol mit rötlicher Mennige vor der Verrostung geschützt werden mußte. So wurde aus dem goldenen Ochsen ein Gasthaus „Roter Ochsen". 1707 ließ sich der erste Wehrle-Vorfahre als Hausherr nieder. In den Gründerjahren wurde es in „Parkhotel Wehrle Zum Ochsen" umgetauft. Heute sprechen alle nur vom „Wehrle".

Trotz der Lage mitten in der Stadt wird das Haus seinem Namen „Parkhotel" übrigens vollauf gerecht. Hinter dem Stammhaus erstreckt sich – von außen nicht sichtbar – ein wahres Refugium, ein weiter, großzügiger Park mit mehreren Gästehäusern, Parkvilla, Hallen- und Freibad.

Das Hausrezept

Forelle in Blätterteig mit Morcheln und Burgundersauce

Für 4 Personen

Zutaten:
4 Forellen, 120 g Lachsfilet, 30 g Kräuter
(Dill, Petersilie, Kerbel), 30 ml in Sahne reduzierte Morcheln,
4 Blätter Mangold, 600 g Blätterteig.
Soße: ¼ l Fischfond, ½ l trockener Spätburgunder,
1 kleine rote Bete, 1 Schalotte, 100 g Butter, ½ l Sahne,
4 Eier, Pfeffer, Salz.

Zubereitung:
Die Forellen filieren, entgräten und enthäuten. Die Filets von drei Forellen grob zerkleinern, würzen, in der Moulinette mit etwas Fischfond und Sahne pürieren, etwas Eiweiß dazugeben; durch ein Sieb streichen, je nach Konsistenz mit Fischsahne aufmontieren. ⅓ dieser Farce mit den gehackten Kräutern mischen, ⅔ der Farce mit den Morcheln mischen.

Die Mangoldblätter blanchieren und ausbreiten, mit der Kräuterfarce bestreichen, ein Forellenfilet in die Mitte legen, dünn mit Morchelfarce bestreichen. Das Lachsfilet auf die Länge der Forelle zuschneiden, in der Mitte auflegen, wieder mit Morchelfarce bestreichen, dann zweites Forellenfilet auflegen, Mangoldblätter darüber schlagen.

Blätterteigplatten ausrollen, Forellenpäckchen auflegen, den Teig in Fischform ausschneiden. Die zweite Blätterteigplatte darüberlegen, ausschneiden, mit einem Löffel Schuppen eindrücken.

30 Minuten kalt stellen, dann bei 200° C 25 Minuten bakken, 10 Minuten ruhen lassen, nochmals 10 Minuten nachbacken.

Burgunder-Sabayon (Soße): Schalotte und die gekochte rote Bete fein würfeln und mit Fond und Rotwein einkochen (reduzieren), erkalten lassen, mit Eigelb zu einem Sabayon aufschlagen, mit flüssiger Butter abrunden, mit Salz und Pfeffer abschmecken.

80 Gasthof Rößle-Post, Unterkirnach

Gasthof Rößle-Post, Hauptstraße 16, 78089 Unterkirnach

Tel.: 07721/54521

Ruhetag: Montag und Dienstag

Kreditkarten: Eurocard, AmEx, Visa, Diners

Das „Rößle“ ist ein Gasthaus mit einer langen Tradition. 1782 wurde es erbaut. An der Landstraße von Villingen nach Freiburg gelegen, beherbergte es bis zu Beginn unseres Jahrhunderts neben der Gastwirtschaft auch die Posthalterei. Seither führt es den Namen „Rößle-Post“. Die Räume strahlen die behagliche und heimelige Atmosphäre gediegener Schwarzwälder Gastlichkeit aus. Dazu gehören altes Holzwerk an Decken und Wänden, die kunstvoll geschnitzten Initialen von Wendelin Moser, dem Ur-Ur-Großvater des heutigen Besitzers, ein Kachelofen, eine Bauernstube mit Stammtisch, eine gemütliche Sofaecke, liebevoll eingedeckte Tische und kleine Fenster, die das Tageslicht leicht dämpfen, bevor es den blitzblank geputzten Holzboden erreicht. Und unter der Linde vor der Eingangstüre kann man bei schönem Wetter im Freien sitzen. Freundlich-einladend und charmant-badisch sind der Service und die Küchenleistung von Christiane und Edgar Moser-Fendel. Deftige Schwarzwälder Gerichte wie saure Leberle mit Bratkartoffeln oder das Traditionsessen des Hauses, Tafelspitz mit Meerrettichsoße, sind ebenso vertreten wie die Leckereien einer gehobenen und verfeinerten badischen Küche: Schaumsuppe von Bachkrebsen, Hauskaninchen in Senfsoße und warmer Birnenstrudel auf Vanillesoße.

Eine kleine Entdeckungsreise bietet die Lektüre der Weinkarte. Nicht nur, daß sie gut sortiert ist; für den Weinfreak ist die Raritätenecke eine wahre Fundgrube. Hier bietet Edgar Moser-Fendel badische Gewächse aus den 60er und 70er Jahren an, die er bei der Auflösung eines Weinkellers vor Jahren erstanden hat und die heute kaum noch zu bekommen sind. Der Clou dabei: da er ehrlich genug ist um einzugestehen, daß für derart alte badische Weine keine Qualitätsgarantie mehr übernommen werden kann, nennt die Karte für diese Flaschen keine festen Preise. Wer eine bestellt, soll sie probieren und dann freiwillig das bezahlen, was sie ihm wert ist.

Das Hausrezept

Siedfleisch badische Art mit Meerrettichsoße, Bouillonkartoffeln, süß-sauren Beilagen und Preiselbeeren

Für 4 Personen

Zutaten:
800 g Ochsenfleisch (Brustkern, wenn man gern etwas Fett mag, sonst am besten Tafelspitz), 500 g Wurzelgemüse (Karotten, Sellerie, Petersilienwurzel), 2 Zwiebeln.
Bouillonkartoffeln: 500 g festkochende Kartoffeln, je 100 g Karotten, Lauch und Sellerie, Salz.
Meerrettichsoße: ¼ l Fleischbrühe, ¼ l Sahne, 100 ml Weißwein, etwas geriebenes Weißbrot, 3 EL Meerrettich aus dem Glas (frisch geriebener Meerrettich ist weniger ergiebig und eignet sich am besten zum Garnieren des Fleisches beim Anrichten), Salz, Pfeffer.
Süß-saure Beilagen: Rote Bete, Kürbis, Senfgurken, Zwetschgen (entweder man kauft sie fertig im Glas oder – wesentlich besser – man legt sie zur Erntezeit selbst ein und würzt sie individuell z. B. mit Zimt oder Ingwer).
Preiselbeeren: 200 g tiefgefrorene Beeren, ½ l Rotwein, Zucker.

Zubereitung:
Das Fleisch in einen ausreichend großen Topf mit heißem Wasser geben, so daß es gut bedeckt ist und etwa 3 Stunden garziehen (nur ganz leise köcheln lassen). Nach 2 Stunden die geputzten und in Stücke geschnittenen Wurzelgemüse und die halbierten und gebräunten Zwiebeln beigeben. Das Fleisch herausnehmen, Brühe passieren und würzen.
Bouillonkartoffeln: Die Kartoffeln schälen, würfeln und im Salzwasser halbgar kochen. Wasser abschütten und die Kartoffelwürfel zusammen mit den anderen, ebenfalls in kleine Würfel geschnittenen Gemüsen in etwas Fleischbrühe garkochen.
Meerrettichsoße: Von der Fleischbrühe ¼ l in einen Topf geben und mit der Sahne und dem Weißwein, Salz und Pfeffer aufkochen. Mit dem geriebenen Weißbrot binden und mit dem Meerrettich abschmecken.
Süßsaure Beilagen: Die Beilagen werden entweder in Schälchen getrennt kalt serviert oder erwärmt und um das mit Soße bedeckte Fleisch herum dekorativ auf dem Teller angerichtet.
Preiselbeeren: Die Preiselbeeren einen Tag zuvor in Rotwein mit etwas Zucker einlegen. Die so marinierten Beeren behalten Geschmack, Form und Farbe und sind fertig gekaufter Marmelade weit überlegen.

82

Gasthof und Pension Esche, Hinterzarten-Alpersbach

Gasthof und Pension Esche, Alpersbach 9,
79856 Hinterzarten-Alpersbach

Tel.: 07652/211, Fax: 07652/1720

Ruhetag: Dienstag und Mittwoch
Betriebsferien: 4 Wochen im November

Kreditkarten: Visa

14 Zimmer und 4 Ferienwohnungen, DZ ab 128,– DM

Sauna, Kinderspielplatz

Bärlauch, Brennessel, Wiesenknöterich, Sauerampfer, Schafgarbe, Spitzwegerich, Gänseblümchen, Frauenmantel, Vogelmiere, Wiesenknopf, Grundermann, Sauerklee, Wiesenklee und Glockenblumen – das ist nicht etwa die Auflistung aus einem botanischen Lexikon. Es handelt sich vielmehr um einen kleinen Auszug aus der Liste all jener Kräuter, mit der der 30jährige Josef Fehrenbach in seiner Küche hantiert. Und das absolut gekonnt. Denn mit Kräutern kocht er einfach leidenschaftlich gerne. 50 verschiedene wachsen in seinem Garten, weitere 60 Wildkräuter sammelt er auf den Höhenwiesen und an den Waldrändern rings um den Gasthof.

Wer je Gelegenheit hatte, seinen Salat aus Wiesenkräutern zu probieren, der erlebt eine so unglaubliche Aromen- und Geschmacksfülle, daß sich manch hochpreisiger Feinschmeckersalat schamhaft verstecken sollte. Aber nicht nur dieser Salat ist eine solche Entdeckung. Aus Sommerkräutern schlägt er eine hocharomatische Schaumsuppe auf, Tannenspitzen geben einer Soße den entscheidenden Pfiff, Bärlauch verfeinert die Bratkartoffeln und wilder Thymian rundet die Kohlrabisuppe ab.

Bei so viel Einsatz von natürlicher Würze ist es nur selbstverständlich, daß Fehrenbach auch bei den anderen Grundprodukten penibel auswählt und auf die Seriosität der Erzeuger achtet. Lämmer und Forellen züchtet er gleich selbst. Und bei Geflügel, Kalb- und Rindfleisch kommt ihm – wie seinen übrigen Kollegen auch – zugute, daß immer mehr junge und engagierte Bauern im Hochschwarzwald den Sinn ihrer Arbeit nicht mehr darin sehen, die Überschüsse der Brüsseler Agrarindustrie zu mehren, sondern mit natürlich aufgezogenen Tieren zwar weniger Masse, dafür aber erstklassige Qualität für die Verbraucher vor Ort zu liefern. So werden ihm beste Produkte praktisch vor der Haustüre angeboten.

Seit vier Generationen bewirtschaftet die Familie Fehrenbach den 1906 erbauten Gasthof. Josef Fehrenbach hat seine Lehrjahre im Hamburger Vierjahreszeiten, bei Sieber in Konstanz und in Ascona im Tessin verbracht, vor vier Jahren hat er das Zepter in der heimischen Küche übernommen. Seither verfolgt er konsequent diese leichte, frische, gesunde und aromatische Küche. Und wann immer ihm etwas Zeit bleibt, geht er auf die Suche nach Rezepten und den Kochgeheimnissen seiner Großmutter, die er als perfekte Köchin in Erinnerung hat. Die in Heu gegarte Lammkeule ist so eine Entdeckung – und ganz sicher nicht seine letzte.

Das Hausrezept

Forellen-Maultaschen mit Kerbelrahmsauce

Für 4 Personen

Zutaten:
Nudelteig: 230 g Mehl, 20 g Grieß, 2 Eier, 1 EL Öl, Salz.
Forellenfüllung: 4 Forellen à 250 g, 300 g Blattspinat, 200 ml Sahne, 1 Ei getrennt, Salz, Pfeffer.
Kerbelsoße: 100 g Frühlingszwiebeln, 20 g Butter, 30 g Mehl, 200 ml Sahne, 200 ml Weißwein, 2 Bund Kerbel.

Zubereitung:
Nudelteig: Alle Zutaten in der Küchenmaschine zu einem festen Teig kneten. In Frischhaltefolie einschlagen und mindestens 1 Stunde ruhen lassen.
Die Forellen filetieren, Haut und sämtliche Gräten entfernen, so daß etwa 450 g reines Forellenfleisch übrig bleibt. Forellenfleisch kleinschneiden und kalt stellen.
Spinat putzen, waschen, blanchieren und fein hacken. Das Forellenfleisch in der Moulinette oder einer ähnlichen Küchenmaschine zerkleinern. 1 Eiweiß, Salz, Pfeffer und Sahne nach und nach dazugeben. Zum Schluß mit dem Spinat vermischen.
Den Nudelteig mit der Nudelmaschine dünn ausrollen und in zwei Hälften teilen. Die eine mit dem Eigelb bestreichen. Von der Forellenfüllung 20 kleine Häufchen in gleichmäßigem Abstand auf dem Teig verteilen, den anderen Teig darüberlegen, die Ränder fest zusammendrükken und mit dem Teigrädchen die Maultaschen voneinander abtrennen. In kochendem Salzwasser etwa 8 Minuten köcheln lassen.
Soße: Die Frühlingszwiebeln waschen, in dünne Ringe schneiden, in Butter andünsten, mit Mehl bestäuben, Sahne und den Weißwein unter Rühren dazugeben. Man kann auch einen Teil der Sahne durch Gemüse- oder Fischfond ersetzen, dann wird die Soße leichter. Die Soße 5 Minuten köcheln lassen, den gewaschenen und gehackten Kerbel dazugeben. Mit einigen Kerbelzweigchen ausgarnieren.

84 Gasthaus Maierhof, Gütenbach

Gasthaus Maierhof, Hauptstraße 34, 78148 Gütenbach

Tel.: 07723/7895, Fax: 07723/5758

Ruhetag: Mittwoch, Betriebsferien im Oktober

Keine Kreditkarten

8 Zimmer, DZ ab 96,– DM

Finnische Sauna, Fitneßraum, auf Wunsch Moutainbikes und Trekkingräder

Um die Jahrhundertwende konnte der müde Wanderer im Maierhof seinen Durst noch mit selbstgebrautem Bier löschen. Ältere Gütenbacher nennen das Gasthaus deshalb immer noch bei seinem ursprünglichen Namen, nämlich Bierhüsli. Roman Maier, der Urgroßvater des heutigen Besitzers, taufte das Bierhüsli dann in Maierhof um. 1914 wurde der Brauereibetrieb aufgegeben, bis 1950 wurden noch Limonaden und Selterswasser selbst hergestellt, dann lohnte auch dies nicht mehr. Heute gibt es im Maierhof also keine selbstgebrauten Getränke mehr, dafür hat das kulinarische Angebot aus der Küche deutlich zugelegt: vom Vesperteller bis zum fein abgestimmten Menü einer gehobenen badischen Kochkunst reicht das breitgefächerte Repertoire von Clemes Bärmann, der im „Adler“ im Glottertal gelernt hat: Hausgebeizter Hirschschinken mit Preiselbeerrahm, legierte Kräutersuppe unterm Blätterteighut, Lachs-Zanderroulade, Perlhuhnbrust oder Rehfilet mit frischen Pilzen und zum Schluß Gütenbacher Bergkäse – das ist nur eine kleine Auswahl aus seinem vielfältigen Programm. Von filigran arrangierten Miniportionen, die nur das Auge befriedigen, aber den Gast kaum satt machen, hält Bärmann übrigens nichts. „Der Gast fühlt sich doch nicht ernstgenommen, wenn das Rehragout wunderbar schmeckt, aber nach zwei Gabeln schon wieder alles vorbei ist“, beschreibt er seine Art, sich um das Wohl der Gäste zu kümmern. Und Ulrike Bärmann, eine gelernte Hotelfachfrau, leitet dazu den Service mit Charme und Umsicht und legt viel Wert auf eine persönliche Beratung der Gäste.

Das alte, 1830 erbaute Gasthaus, ist ein Schmuckstück von einem gediegenen Schwarzwälder Landgasthof. Seit 1873 ist es in Familienbesitz. Eine breite, behäbige Treppe führt von außen hoch zur Gaststube, die Behaglichkeit pur verbreitet: dunkle Holztäfelung, schön arrangierte Blumenbuketts auf weißen Tischtüchern, eine alte Standuhr in der Ecke, historische Bilder an den Wänden. Vor 19 Jahren hat Clemes Bärmann das Gasthaus von seinem Vater übernommen. Dessen Mithilfe ist aber bis auf den heutigen Tag gefragt. Denn er ist Jäger, und so kommen die Grundlagen für die Wildgerichte aus eigener Jagd. Und auch bei den Forellen baut man ganz auf Qualität: ein eigener Fischteich in der Teichbachschlucht garantiert absolute Frische. Die übrigen Produkte werden, wann immer es geht, bei Erzeugern aus der näheren Umgebung gekauft.

Das Hausrezept

Rehragout nach Großmutters Art

Für 4 bis 6 Personen

Zutaten:
2 Rehblätter (Bug) von je 700 bis 800 g, 1,5 l kräftige Fleischbrühe, Wurzelgemüse (Karotten, Sellerie, Petersilienwurzel), 1 Zwiebel, 1 EL Tomatenmark, 1/4 l trockener badischer Spätburgunder, 4 gehäufte EL Mehl, 2 Lorbeerblätter, 2 Nelken, 6 zerdrückte Wacholderbeeren, Salz, Pfeffer.

Zubereitung:
Die Rehblätter auslösen und in kleine Stücke (Goulaschgröße) schneiden. Die Knochen etwas zerkleinern und anbraten, mit der Brühe auffüllen und etwa 20 Minuten köcheln lassen.
Das geschnittene Rehfleisch salzen und pfeffern und in geklärter Butter anbraten. Zwiebeln und das Wurzelgemüse in kleine Würfel schneiden, dazugeben und etwas mit anbraten lassen. Dann das Tomatenmark zugeben. Wenn auch dieses etwas Farbe angenommen hat, das Mehl einstreuen und gut verrühren. Dann die Gewürze hineingeben und mit dem Rotwein ablöschen. Alles gut durchrühren und den Wein etwas einreduzieren lassen. Dann mit der Knochenbrühe auffüllen und etwa 2 Stunden auf kleiner Flamme unter mehrmaligem Umrühren fertiggaren. Dann das Fleisch in einen anderen Topf umfüllen, die Soße durchpassieren, wenn nötig noch etwas weiter reduzieren. Kurz vor dem Servieren kann man je nach Geschmack noch einen Schuß Weinbrand oder Wacholderschnaps zur Abrundung an die Soße geben.
Als Beilage werden Spätzle oder Butternudeln und Salat gereicht.

86 Hotel Hirschen, St. Märgen

Hotel Hirschen, Feldbergstraße 9, 79274 St. Märgen

Tel.: 07669/787, Fax: 07669/1303

Ruhetag: Mittwoch, Betriebsferien vom 1. bis 20. Dezember

Kreditkarten: Eurocrad, AmEx, Diners, Visa

45 Zimmer, DZ ab 132,– DM

Sauna, Solarium, Fitneßraum, Billardzimmer

Der Luftkurort St. Märgen liegt auf einem Höhenrücken 900 Meter über dem Meeresspiegel zwischen dem Feldberg und dem Kandel inmitten eines der schönsten Wandergebiete des Schwarzwaldes. Die langen und kalten Wintermonate werden hier oben überreichlich kompensiert durch sonnige Sommertage und durch die milden Herbstmonate. Wenn im Oktober und November unten im Tal der Nebel wabert und naßkaltes Wetter auf die Stimmung drückt, dann zeigt sich der Hochschwarzwald von seiner schönsten Seite: mit spätsommerlichen Temperaturen, strahlendem Sonnenschein und überwältigenden Fernsichten bis hin zu den Alpen. Auf dieser nach Südwesten ausgerichteten Sonnenterrasse mit Wäldern, freien Wiesenflächen und weiten Ausblicken steht ein respektables Gasthaus: der Hirschen von Christel und Klaus Hättich. Seine Chronik reicht zurück ins Jahr 1725. Als zwei Jahre zuvor mit dem Wiederaufbau des St. Märgener Klosters begonnen wurde, zeigte sich rasch, daß in der direkten Umgebung einer solchen geistlichen Einrichtung auch ein Wirtshaus nicht fehlen durfte.

Die neue Geschichte des Hauses beginnt 1940, als Emil und Anna Hättich, die Eltern des heutigen Eigentümers, Wirtsleute auf dem Hirschen wurden. 1943 brannte das Haus bis auf die Grundmauern nieder. 1950 wurde der Grundstein für den Wiederaufbau gelegt. Seitdem, vor allem aber seit dem Generationenwechsel im Jahre 1972, wurde das Traditionshaus ebenso beständig wie behutsam weiter aus- und umgebaut. Die Hotelzimmer wurden vollkommen modernisiert, die Hotelküche neuen Anforderungen angepaßt. Seminar- und Konferenzräume kamen hinzu, ebenso Fitneßraum, Sauna, Solarium und Billardraum. Bei allem wurde stets und mit Erfolg darauf geachtet, bestehende Strukturen zu bewahren und die Harmonie des gesamten Komplexes nicht zu stören. Daß dies gelungen ist, wird jeder bescheinigen, der auf das stattliche Gebäude zugeht oder sich in einer der gemütlichen Gaststuben niederläßt. Für das leibliche Wohl sorgt Klaus Hättich selbst. Freiburg, Badenweiler, Berlin, Paris und London waren die Stationen seiner Wanderjahre, bevor er 1965 an den heimischen Herd zurückkehrte. Hättich pflegt eine gehobene, regional und saisonal ausgerichtete Küche die, wie die Franzosen es ausdrücken würden, ganz dem „goût du terroir“ verpflichtet ist.

Das Hausrezept

Badischer Fischteller mit Forellenfilet und Hechtklößchen

Für 4 Personen

Zutaten:

Forellen: 2 Forellen, 60 g Crevetten, 1 EL Butterschmalz, 1 Stange Lauch, Zwiebel, Petersilie, Dill und Kerbel, 200 ml badischer Riesling, 200 ml Sahne.

Hechtklößchen: 350 g Hechtfilets, 1 Eiweiß, 1 Brötchen, Salz, Pfeffer, Glutamat, Wermut, 300 ml badischer Riesling, Wasser, 100 ml Sahne.

Zubereitung:

Die Forellen filieren und enthäuten. Einen Fischfond zubereiten und dazu Zwiebeln und die Gräten in Butterschmalz andünsten, ohne daß sie Farbe annehmen. Einen Teil des in feine Streifen geschnittenen Lauches und die zerkleinerten Kräuter, etwas Riesling und Wasser dazugeben, so daß die Gräten bedeckt sind. Den Fond 15 Minuten leicht köcheln lassen und dann passieren.

Die Forellenfilets würzen, in einen flachen Topf geben, mit dem Fischfond und etwas Riesling angießen, aufkochen und in der Röhre zugedeckt garen.

Hechtklößchen: Hechtfilets zerkleinern und durch ein Sieb streichen. Das Brötchen in Milch einweichen, danach die Hechtmasse, das eingeweichte Brötchen und das Eiweiß in den Mixer geben und die Sahne einarbeiten. Würzen mit Wermut, Salz und weißem Pfeffer. Die Hechtmasse kalt stellen. Fischfond (oder, falls nicht vorhanden, Wasser mit Weißwein), Salz und Pfeffer zum Kochen bringen. Von der Fischmasse mit einem Eßlöffel Klößchen abstechen und diese im Fond etwa 10 Minuten bei einer Hitze unter dem Siedepunkt garziehen lassen. Die Klößchen herausnehmen, mit etwas Fischfond begießen und warmstellen.

Je 1 Forellenfilet und 2 Hechtklößchen auf vorgewärmten Tellern anrichten.

Den flachen Topf mit dem Fond, in dem die Forellenfilets gegart wurden, auf den Herd stellen, Sahne dazugeben und etwas einkochen lassen und mit kalter Butter binden. Die Sauce über die Forellenfilets und Hechtklößchen geben. Als Garnitur einen Teil der Lauchstreifen dämpfen, die Crevetten dazugeben, kurz mitdämpfen und auf dem Teller um die Forellenfilets und die Hechtklößchen herum schön anordnen.

Als Beilage passen feine Bandnudeln besonders gut.

88 Gasthaus Zur Erle, Simonswald

Gasthaus „Zur Erle", Obertalstraße 36,
79263 Simonswald

Tel.: 07683/494, Fax: 07683/1718

Ruhetag: Montag, Betriebsferien: 14 Tage nach Ostern und 14 Tage Anfang Juni

Kreditkarten: Eurocard, Visa, Diners

10 Zimmer, DZ ab 53,– DM

Terrasse, eigenes Fischwasser

Das Simonswäldertal gilt als eines der romantischsten im ganzen Schwarzwald. „In den Erlen" hieß hier eine kleine Häusergruppe, die erstmals im 16. Jahrhundert – damals herrschten die Zähringer als Markgrafen von Baden – urkundlich erwähnt wurde. Die ersten Nachweise über ein Gasthaus „In den Erlen" reichen bis ins Jahr 1841 zurück. Während der Zeit der Badischen Revolution erlebte das Haus einige Besitzerwechsel, bis es dann 1885 von Georg Hornuß, dem Urgroßvater des heutigen Besitzers, erworben wurde. Als „Taglöhnergut, bestehend aus einem zweistöckigen, von Stein erbauten Wohnhaus mit Hauskeller, Schweinestall nebst Bierbrauereigebäude und Holzschopf, 180 Ruthen Wege mit Bach und Ödfeld" wurde es im Kaufvertrag ausgewiesen.

Georg Hornuß war Bierbrauer. Er stellte deshalb beim Waldkircher Bezirksamt einen Antrag „zum Betriebe einer Schankwirtschaft und Verkauf von selbstgebrautem Biere", der jedoch prompt abgelehnt wurde, weil er „ein vorhandenes Bedürfnis des Publikums" an einer solchen Einrichtung nicht nachweisen konnte. Erst als etwas später ein bei der St. Josefskirche in Obersimonswald gelegenes Gasthaus nicht mehr weitergeführt wurde, befand das Waldkircher Bezirksamt eine Gaststätte „weiter oben im Thale" für vertretbar, denn der Durst der Bürger war ja gleich geblieben. Seit über hundert Jahren ist die „Erle" – nunmehr in der vierten Generation – in Familienbesitz.

Paul Hornuß, 36 Jahre alt, hat eine Grundausbildung, die einem Koch immer zugute kommt: er hat Metzger gelernt. Seine Fähigkeiten am Herd hat er im „Adler" in Gutach und in der „Stube" in Pfaffenweiler geschult. Sein Hauptanliegen als Koch ist es, die Produkte der Saison auf den Tisch zu bringen, also all das, was die Erzeuger aus der Umgebung gerade frisch und besonders aromatisch in ihrem Angebotskorb haben: Gemüse,

Wild, Fleisch und Fisch. Deshalb wechselt bei ihm auch öfter als in vielen anderen Gasthäusern die Speisekarte: die jeweilige Jahreszeit muß sich in den Gerichten widerspiegeln.

Die Gaststube ist rustikal-gemütlich im Schwarzwälder Stil eingerichetet. Zwei Herde aus Großmutters Zeiten setzen nostalgische Akzente und dienen dazu, die breite Palette der Obstschnäpse aus der Region zu präsentieren.

Das Hausrezept

Forelle soufflíert in Kerbelsauce

Für 4 Personen

Zutaten:
2 Forellenfilets zu je 120 bis 140 g.
Fischfarce: 80 g Forelle, 80 g Lachsforelle, 1 Ei, 40 g Sahne, 100 g Crème fraîche, Salz, Pfeffer.
Kräutermischung: Je eine Handvoll Kerbel, Estragon und Petersilie, 20 ml Sahne, 1 bis 2 Schalotten, Butter, etwas Weißwein, Salz, Zitronensaft.
Kerbelsoße: 1 Handvoll Kerbel, 100 ml Weißwein, 10 ml Noilly Prat, 200 ml Fischfond, 20 g Butter, 100 ml Sahne, 100 g Crème fraîche.

Zubereitung:
Fischfarce: Forelle und Lachsforelle gut kühlen, durch den Wolf (feines Sieb) drehen, salzen, pfeffern, Ei dazugeben, mit Crème fraîche und Sahne verrühren und durch ein Sieb streichen.
Forellenfilets: Die Filets entgräten und die Haut abziehen.
Kräutermischung: Schalotten fein würfeln und mit den gezupften Kräutern in Butter etwas anziehen lassen, mit Wein ablöschen, Sahne zugeben, leicht einkochen lassen und im Mixer pürieren. Mit Salz und Zitronensaft abschmecken und kalt stellen.
Aus Alufolie eine längliche Hülle formen, ausbuttern, Fischfarce zur Hälfte einfüllen und mit der Hälfte der Kräutermischung überziehen. Gewürzte Forellenfilets einlegen, mit der restlichen Kräutermischung überziehen, mit restlicher Farce schließen. Im Backofen bei 200°C etwa 8 bis 10 Minuten garen.
Kerbelsoße: Weißwein und Noilly Prat aufkochen, mit Fischfond auffüllen, auf ⅓ reduzieren, Crème fraîche, Sahne und Butter zugeben, köcheln lassen, abpassieren und den gehackten Kerbel zugeben.
Die soufflierte Forelle aus der Folie nehmen, in 8 Scheiben schneiden, auf einem Saucenspiegel anrichten und mit Kerbel garnieren.

90 Ringhotel Zum Ochsen, Schönwald

Ringhotel Zum Ochsen, Ludwig-Uhland-Straße 18, 78141 Schönwald

Tel.: 07722/1045, Fax: 07722/3018

Ruhetag: Dienstag und Mittwoch, keine Betriebsferien

Kreditkarten: Eurocard, AmEx, Diners, Visa

38 Zimmer, DZ ab 182,– DM

Hallenbad, Sauna, Solarium, Fitneßraum, Tennisplatz, Tischtennisraum, Badmintonplatz, Eisstockbahn, 6-Loch-Golfplatz

Der Ochsen gehört zu jener Kategorie von Verwöhnhotels, die man am liebsten nicht mehr verlassen möchte, da sie alles, was einen Hotelaufenthalt angenehm macht, in den eigenen vier Wänden beziehungsweise im angrenzenden Park bieten. Das fängt bei Hallenbad, Solarium und Sauna an und hört bei Tennisplatz, Badmintonplatz, Fitneßraum und Eisstockbahn noch lange nicht auf; sogar ein 6–Loch-Golfplatz befindet sich auf dem weitläufigen Hotelgelände. Nur die Schwarzwald-Umgebung im heilklimatischen Kurort Schönwald mit 180 Kilometern ausgeschilderten Wanderwegen kann dazu verführen, dem Haus einmal für einen ausgedehnten Spaziergang den Rücken zu kehren. Man sieht also: in das 200 Jahre alte Anwesen, seit der Gründung bis heute in Familienbesitz, wurde ständig investiert, um mit den Erwartungen der Gäste auf der Höhe der Zeit zu bleiben. Dabei hat es die Familie Martin verstanden, trotz aller baulichen Ergänzungen, das Ensemble nicht zu verfälschen, sondern den typischen Schwarzwälder Baustil zu bewahren. Besonders gelungen ist dies in der soeben renovierten Gaststube, die nach alten Plänen mit schönen Hölzern und hohem handwerklichen Aufwand so wiederhergestellt wurde, daß man sich ohne jeden Anflug von vordergründigem Kitsch in die gute alte Zeit zurückversetzt fühlt.

Daß das Haus auch personell für die Zukunft gut gerüstet ist, dafür sorgt Tochter Barbara. Sie ist zwar gerade mal 28 Jahre alt, hat aber bereits alle gastronomischen Ausbildungen, darunter auch die zur Sommeliere, mit Bravour absolviert und zudem schon so ziemlich alles an Preisen und Auszeichnungen eingeheimst, was in der Gastronomie vergeben wird. Eine Respekt einflößende Galerie von Urkunden dokumentiert ihren beruflichen Werdegang. Gelernt hat sie in der renommierten „Traube“ bei Elvira und Dieter Kaufmann in Grevenbroich.

Küchenchef Bernhard Heß bedient sich aus der frischen

und reichhaltigen Produktpalette der näheren Umgebung: Frühlingsgemüse von der Insel Reichenau, Fische aus dem Bodensee, Fleisch von Bauern aus dem Schwarzwald und Wild, das von Jägern aus dem Ort geliefert wird. Daraus komponiert er die Gerichte für zwei unterschiedliche Speisekarten. Eine Karte orientiert sich an den traditionellen Regionalgerichten, wobei hier jene Verfeinerung selbstverständlich ist, die aus einem ehedem schweren, ja plumpen Sattmachergericht eine leichte Leckerei werden läßt. Und von der zweiten Karte wählen all jene Gäste, denen eine Neuerung, ein gekonntes Experiment in der Küche zur spannenden Abwechslung wird. Hier verleihen mediterrane und auch asiatische Aromen den heimischen Produkten ganz neue Geschmacksnuancen.

Das Hausrezept

Fasanenbrust in Sauerkrautmantel

Für 4 Personen

Zutaten:
Fasan: 4 Fasanenbrüste, Salz, Pfeffer, 30 g Butterfett, 1 Schweinenetz, Essig, 4 Weißkohlblätter.
Sauerkraut: 200 g Sauerkraut, 1 Zwiebel, 1 Apfel, 40 g geräucherter Speck, 30 g Gänseschmalz, 1 Lorbeerblatt, 2 Wacholderbeeren, 5 weiße Pfefferkörner, 5 EL trockener Weißwein.
Farce: 80 g Fasanenkeulenfleisch ohne Haut und Sehnen, 2 Fasanenlebern, 50 g Gänsestopfleber, 50 g Crème double, Salz, Pfeffer, Cognac.

Zubereitung:
Sauerkraut: Die Zwiebel in feine Streifen schneiden, den Speck fein würfeln und beides mit Schmalz anschwitzen. Das Sauerkraut zugeben, den Weißwein angießen und die Gewürze in einem Leinenbeutel hinzufügen. Den Apfel schälen und in das Sauerkraut raspeln. Alles etwa 50 Minuten leise kochen lassen.
Farce: Die Fasanenleber würfeln und kurz anbraten, auskühlen lassen. Das eisgekühlte Fasanenfleisch salzen und mit der Crème double zu einer Farce kuttern. Die Gänseleber würfeln und mit der Fasanenleber in die Farce geben. Mit Salz, Pfeffer und etwas Cognac abschmecken.
Fasan: Die Weißkohlblätter in salzigem Essigwasser blanchieren. Die Fasanenbrüste enthäuten, würzen und in Butterfett anbraten. Die Weißkohlblätter gut abtropfen lassen, das Sauerkraut dünn und gleichmäßig auf die vier Blätter verteilen. Die Farce daraufstreichen und die Fasanenbrüste jeweils in die Mitte setzen. Die Kohlblätter um die Brüste schlagen, die überlappenden Enden abschneiden und die Pakete mit dem Schweinenetz umhüllen. Die Pakete in einer Pfanne auf beiden Seiten goldbraun anbraten und dann 10 bis 15 Minuten im Backofen bei etwa 160°C ruhen lassen. Herausnehmen, aufschneiden und servieren.

92 Gasthof Adler, Elzach-Oberprechtal

Gasthof Adler, Waldkircher Straße 2,
79215 Elzach-Oberprechtal.

Tel.: 07682/1291, Fax: 07682/1225

Ruhetag: Dienstag,
Betriebsferien: drei Wochen Mitte/Ende Januar.

Keine Kreditkarten

11 Zimmer, DZ ab 100,– DM

Die Anfänge des „Adler" waren mühsam: Von 1804 bis 1835, also volle 31 Jahre, mußte Johann Pleuler seinerzeit mit den Behörden kämpfen, bis er endlich sein „Schank- und Speisewirthschaftsrecht" in der Tasche hatte. Zwei bereits bestehende Wirtschaften im Prechtal, so wurde dem Antragsteller am 7. Juni 1804 beschieden, seien völlig ausreichend. Und im übrigen wäre „man nicht sonderlich geneigt, dem Suplikanten einen Bierausschank zu erlauben, wovon dermalen, wo der Wein so wohlfeil sey, ohnehin wenig ersprießliches zu erwarten wäre." Und auch die Religion mußte für recht absonderliche Begründungen herhalten. Am 18. April 1811 notiert der „Actum Tryberg": „Müße man noch bemerken, daß bey einer solchen Wirthschaft eines evangelischen Wirths die beiden Religionsparteien mehr entzweit und weniger wieder versöhnt werden, weil die evangelischen dann in das Wirthshaus des Bittstellers gehen und so diese und die Katholiken seltener in einem Wirthshaus zusammen kommen können, somit sich über manche Streitigkeit auszusöhnen weniger Gelegenheit haben." Eines immerhin muß man unseren Altvorderen also zugestehen: die kommunikationsfördernde Wirkung einer ordentlichen Gastwirtschaft haben auch sie schon erkannt. Dann, endlich, war es am 3. April 1835 so weit: „Nach höchster Entschließung aus dem Staatsministerium von 19. d. M. haben seine Königl. Hoheit sich gnädigst bereit gefunden, dem Joh. Pleuler von Prechthal die Concession zum Wirthschaftsbetrieb in Berücksichtigung der zu dessen Gunsten eingetretenen Umständen zu verleihen."

Heute, mehr als 160 Jahre nach der Gründung des „Adler", muß man dem Johann Pleuler für seine Hartnäckigkeit und Standfestigkeit im Umgang mit den Behörden noch im Nachhinein dankbar sein. Denn ohne ihn gäbe es diesen Traum von einer Wirtsstube nicht, in der sich nun Margarete Weber und ihr Chefkoch Thomas Zim-

mermann um das Wohl des Gastes kümmern. Eine Wirtsstube, stilecht, schlicht und schön: niedrig die Dekke, dunkel die Holzvertäfelung ringsum, sattgrün der Kachelofen, sparsam und geschmackvoll die Dekoration.
Thomas Zimmermann, gebürtiger Franke, hat in der „Traube“ in Tonbach und bei Franz Keller im „Adler“ in Oberbergen seine Lehr- und Wanderjahre absolviert. Nun prägt sein Kochstil seit über 16 Jahren die Küche des „Adler“ in Oberprechtal: Regionales subtil verfeinern, so lautet seine Devise am Herd. Und weil er weiß, daß eine gute Suppe ein wahres Lebenselixier ist, nimmt er sich dieses wohltuenden Magenöffners ganz besonders an: Fleisch- und Hühnerbrühe, Linsen-, Erbsen- und Lauchzwiebelsuppe – das sind leckere Grundlagen für die anschließende Rehkeule aus heimischer Jagd auf Rahmwirsing oder die fangfrische Elz-Forelle.

Das Hausrezept

Lachsforellenfilet auf Lauchgemüse mit Nudeln

Für 4 Personen

Zutaten:
600 g Fischfilet, Mehl zum Wenden, Salz, Pfeffer, 3 EL Öl zum Anbraten.
Lauchgemüse: 1 Stange Lauch, 1 Schalotte, 40 g Butter, Salz, Pfeffer, Muskat, ¼ l Sahne.
Nudeln: 250 g Mehl, 2 Eier, 2 Eigelb, 1 TL Öl, ½ TL Essig, Salz.
Soße: 1 Schalotte, 3 Champignons, 50 g Butter, 5 gestoßene Pfefferkörner, 1 Petersilienstiel, 125 ml trockener Weißwein, 125 ml trockener Wermut, 125 ml Fischfond, ¼ l Sahne.

Zubereitung:
Die Fischfilets salzen, pfeffern, in Mehl wenden und im heißen Öl etwa 3 bis 4 Minuten auf jeder Seite braten.
Lauchgemüse: Lauch in gleichmäßige Stücke schneiden, waschen, etwa 2 Minuten in kochendem Salzwasser kochen, abschütten und kalt abschrecken. Schalotte in Butter anschwitzen, mit Salz, Pfeffer und Muskat würzen, mit der Sahne ablöschen und etwas einkochen lassen. Den abgetropften Lauch dazugeben und alles 4 Minuten gut durchkochen lassen, gegebenenfalls nachwürzen.
Nudeln: Alle Zutaten zu einem Teig verarbeiten und etwa 1 Stunde ruhen lassen. Den Teig mit der Nudelmaschine bis auf 1 mm Dicke ausrollen. Die Nudeln in reichlich kochendem Salzwasser etwa 3 Minuten kochen. Abschütten und abschrecken. Vor dem Anrichten in Butter erhitzen.
Soße: Schalotte und Champignons fein würfeln, in Butter anschwitzen, Pfeffer und Petersilienstiel dazugeben und mit Weißwein und Wermut ablöschen. Um etwa ⅓ reduzieren lassen. Fischfond dazugeben und nochmals etwas reduzieren, mit Sahne auffüllen und nochmals um etwa ⅓ einreduzieren lassen.

94 Hotel Faller, Breitnau

Hotel Faller, Im Ödenbach 5,
79874 Breitnau-Hinterzarten

Tel.: 07652/1001, Fax: 07652/311

Ruhetag: Donnerstag, keine festen Betriebsferien

Kreditkarten: Eurocard

25 Zimmer, DZ ab 80,– DM

Sauna, Dampfbad, Solarium, Fitneßraum, Tischtennisraum

Wer sich heutzutage im blumengeschmückten Hotel Faller einquartiert oder im rustikal-gemütlichen Ambiente seiner Gaststube Schwarzwälder Spezialitäten und badische Weine genießt, kann sich kaum vorstellen, für welch prosaische Zwecke das ursprüngliche Haus zu Beginn dieses Jahrhunderts einmal erbaut wurde. Am 29. März 1902 wurde der Gemeinderat der früher selbständigen Gemeinde Steig vom Freiburger Bezirksamt darüber benachrichtigt, „dass die Verhandlungen mit dem Ministerium des Inneren wegen der beantragten Mietzinsforderung für 2 Gendarmenwohnungen leider gescheitert sind und dass das Wohnen der in Steig stationierten Gendarmen in dem Zinken Oedenbach wegen der Lage dieses Zinken aus dienstlichen Gründen unthunlich sei. Hiernach kann nur noch in Frage stehen, ob die Gemeinde nunmehr ein Rathaus für sich alleine erbauen will, um für entsprechende Unterbringung der Grund- und Pfandbücher Sorge tragen zu können."
Um die Unterbringung von Gendarmen, Grund- und Pfandbüchern ging es also ursprünglich, als an der Straße von Hinterzarten Richtung Turner ein Haus erbaut werden sollte. Schon am 22. April 1902 trat die Gemeindeversammlung zusammen und stimmte mit 30 zu 7 Stimmen für den Rathausbau. Auf der Grundlage eines Kostenvoranschlages von exakt 14.054 Mark und 24 Pfennigen wurde der Bau sodann in Angriff genommen, nachdem sich auch das Ministerium des Innern mit einem Staatsbeitrag von sage und schreibe 1.000 Mark an dem Projekt beteiligt hatte.
So wurde der Grundstein gelegt für das spätere Hotel Faller. 1948 zog die Gemeindeverwaltung wieder aus, und Oskar und Sophie Faller konnten ein Café mit Pension in dem Gebäude eröffnen. Seit 1971 betreibt Schwiegersohn Hans Kenzler mit seiner Ehefrau Roswitha den Betrieb. Damit begann auch die Phase, in der das Haus kon-

sequent ausgebaut und den gestiegenen Bedürfnissen der Kunden angepaßt wurde. Schwarzwälder Blockhaussauna, Dampfbad und Solarium kamen hinzu, seinen Charme als gediegenes Schwarzwälder Gasthaus konnte es zum Glück bewahren. Und auch die Weiterführung als Familienbetrieb ist gesichert: Sohn Oliver und Tochter Ariane sind bereits dabei, in die Fußstapfen der Eltern zu treten.

Die beiden Küchenmeister Hans und Oliver Kenzler bevorzugen eine leichte, gesunde und bekömmliche Küche, gut bürgerlich und an der Saison orientiert, die beim abendlichen Schlemmermenü jedoch schon deutlich in die Gefilde der feineren Kochkunst vordringt. Daneben wird die deftigere Kost, vor allem bei den Grill- und Gartenfesten, nicht vergessen. Der gut sortierte Weinkeller ist mit den besten Tropfen aus den benachbarten badischen Weinbaugebieten bestückt, den idealen Begleitern für die regionalen Gerichte aus Kenzlers Küche.

Das Hausrezept

Rehmedaillons mit frischen Pfifferlingen

Für 4 Personen

Zutaten:
2 kg Rehrücken, 250 g Pfifferlinge, 20 g Speck, Zwiebeln,
40 ml Rotwein (Badischer Spätburgunder), Salz, Pfeffer,
Knoblauch, Wacholderbeeren, Mehl, Biskin-Öl,
30 bis 40 g Butter.

Zubereitung:
Die Rehrücken auslösen, in etwa 8 gleichmäßige Stücke schneiden und leicht plattieren, mit Salz, Pfeffer, etwas gehacktem Knoblauch und Wacholderbeeren einreiben, leicht in Mehl wenden.

In der nicht ganz heißen Pfanne mit etwas Biskin-Öl gut rosarot anbraten. Fleisch aus der Pfanne nehmen, auf eine Servierplatte legen und warm stellen. Mit Küchenpapier das Öl aus der Pfanne entfernen. Dann die Butter in diese Pfanne geben und darin die Speckwürfelchen und die Zwiebeln goldgelb anschwitzen, die Pfifferlinge dazugeben, anbraten und dann mit dem Spätburgunder Rotwein ablöschen.

Das Fleisch in Medaillons schneiden. Die Pfifferlinge aus der Pfanne herausnehmen und über die Medaillons geben.

Die Sauce einkochen, etwas frische Sahne, Crème fraîche und einen guten Schuß Cognac dazugeben. Die leicht würzige Sauce über die Medaillons und die Pfifferlinge geben.